AF404830

TRAITÉ ÉLÉMENTAIRE

DES

APPROXIMATIONS NUMÉRIQUES

A L'USAGE

DES ASPIRANTS AU BACCALAURÉAT ÈS-SCIENCES

ET AUX ÉCOLES SPÉCIALES

Par

G. BOVIER-LAPIERRE

Professeur de mathématiques au Lycée impérial de Tournon.

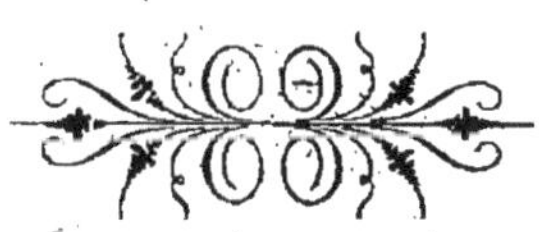

LYON

BRUN, LIBRAIRE

Rue Mercière, 5.

1863

OUVRAGES DU MÊME AUTEUR :

L'Arithmétique simplifiée à l'usage des écoles primaires ;

Cours de Géométrie élémentaire à l'usage de la section des sciences ;

Cours de Trigonométrie rectiligne; ce cours se compose de deux parties :

La 1re contient la résolution des triangles avec quelques formules seulement ;

La 2e renferme tout ce qui est nécessaire pour faire de ce livre un cours complet.

PRÉFACE.

Une des questions de mathématiques élémentaires avec lesquelles les élèves ne parviennent que difficilement à se familiariser, est certainement celle des approximations numériques. Ce n'est pas qu'elle soit compliquée en elle-même, mais elle exige de la réflexion et du jugement. Or, comme ils ne se donnent pas toujours la peine de réfléchir attentivement, ils trouvent peu d'intérêt aux quelques principes plus ou moins abstraits dont se compose toute cette théorie dans les traités d'arithmétique, et ils ne réussissent guère à en faire les applications. Il serait nécessaire que ces principes fussent présentés dans tous leurs développements et accompagnés de nombreux exemples qui en montreraient l'utilité.

C'est ce que j'ai essayé de réaliser dans ce petit ouvrage. J'ai cru qu'il était indispensable d'entrer dans tous les détails, de faire remarquer une foule de points particuliers pour ne rien laisser de vague et habituer les élèves à un raisonnement rigoureux, et de multiplier les problèmes, persuadé par l'expérience qu'on ne saurait trop éclairer ces questions.

La Ire partie renferme tout ce qui a rapport aux erreurs absolues avec la multiplication et la division abrégées, cette dernière opération étant considérée comme l'inverse de la première. La IIe partie se compose de tout ce qui concerne les erreurs relatives, et d'une seconde démonstration de la division abrégée, basée sur la considération de ces erreurs. J'y ai ajouté plusieurs autres principes destinés à faciliter la résolution des questions d'approximation, de manière à ce que cet ouvrage soit un traité complet pour les cours de mathématiques élémentaires et utile même aux élèves déjà bacheliers et qui se préparent aux concours pour l'admission aux écoles spéciales.

TRAITÉ ÉLÉMENTAIRE

DES

APPROXIMATIONS NUMÉRIQUES

CHAPITRE Ier.

§. Ier. — NOTIONS PRÉLIMINAIRES.

1. Dans la résolution des problèmes, il n'est pas toujours possible de trouver la valeur exacte du nombre cherché. Soit par exemple à diviser 597 par 14 ; l'opération ne pourra pas se terminer, et les premiers chiffres du quotient seront 42,6428...... En ne prenant que 42,64 on a un quotient trop faible ; mais la partie négligée 28 dix-millièmes étant moindre que 1 centième, le nombre 42,64 est affecté d'une erreur moindre que 1 centième. On exprime cela en disant que ce nombre est *approché par défaut* à moins de 1 centième.

Si le nombre 42,64 était remplacé par 42,65 on aurait un nombre trop fort, mais la quantité dont 42,65 surpasse le quotient exact est moindre que 1 centième. Donc, 42,65 est aussi une valeur approchée du quotient à moins de 1 centième, mais *par excès*.

En observant que 5 millièmes valent un demi-centième, on voit que l'erreur dont le nombre 42,64 est affecté par défaut est non-seulement moindre que 1 centième, mais aussi moindre que 1 demi-centième. Si l'on prenait 42,642, on aurait un nombre trop faible d'une quantité moindre que 1 millième, mais l'erreur serait plus forte que 1 demi-millième. Au contraire 42,643 serait trop fort, mais l'erreur serait moindre que 1 demi-millième. — De là résulte la règle suivante :

Lorsqu'on veut qu'un nombre entier ou décimal soit seu-

lement exact à moins d'une demi-unité d'un ordre donné, on peut supprimer tous les chiffres à droite de celui qui exprime cette unité, en ayant soin d'augmenter ce chiffre de 1, si le chiffre suivant est 5 ou plus fort que 5.

2. Souvent les nombres sur lesquels on doit opérer ne sont qu'approchés. Alors le résultat est lui-même affecté d'une erreur qui varie suivant les erreurs de ces nombres. De là, deux questions dont l'une est l'inverse de l'autre.

1° *Étant connu le degré d'approximation de plusieurs nombres donnés qui entrent dans une opération, quel sera le degré d'approximation du résultat?*

Par exemple, dans l'addition de plusieurs nombres approchés par défaut, la somme n'est évidemment qu'approchée par défaut. Il s'agira alors de chercher de quelle quantité elle est trop faible.

2° *Déterminer avec quel degré d'approximation il faut prendre les nombres donnés pour que l'erreur du résultat soit moindre qu'une quantité donnée.*

Supposons en effet qu'on veuille calculer la somme à payer sur un chemin de fer pour une distance de 512 kilomètres, en sachant qu'on a dépensé 4 fr. 80 c. pour parcourir 56 kilomètres.

D'abord, le prix cherché doit être approché à moins de 1 centime. Or, si l'on cherche le prix par kilomètre en divisant 4,80 par 56 et en se bornant aux centimes, on trouve 0 fr. 08, avec une erreur par défaut moindre que 1 centime. En multipliant ensuite 0,08 par 512, on a le résultat 24,96 qui est trop faible de 512 fois la quantité négligée sur le prix du kilomètre. Si cette quantité était 1 demi-centime, le nombre 24,96 serait trop faible de 512 demi-centimes ou de 156 centimes, c'est-à-dire de plus de 1 fr.

Pour obtenir le prix cherché avec l'exactitude nécessaire, il faut donc savoir d'abord quel doit être le degré d'approximation du nombre exprimant le prix du kilomètre, pour qu'en le multipliant par 512, on ait un résultat exact jusqu'aux centimes.

On peut y parvenir de la manière suivante.

Si l'erreur que l'on commet sur le quotient de 4,80 divisé par 56 en négligeant des chiffres à sa droite était égale à 1 millième, celle du produit obtenu en multipliant ce quotient par 312 serait 312 millièmes.

Si l'erreur du quotient était égale à 1 dix-millième, celle du produit serait 312 dix-millièmes, c'est-à-dire plus grande que 1 centime.

Si l'erreur du quotient était 1 cent-millième, celle du produit serait 312 cent-millièmes, c'est-à-dire plus petite que 1 centime. Il en sera ainsi à plus forte raison si l'erreur du quotient est moindre que 1 cent-millième. Ainsi, en calculant le quotient de 4,80 divisé par 56 jusqu'au chiffre des cent-millièmes inclusivement, et en le multipliant ensuite par 312, on sera assuré que l'erreur du produit est inférieure à 1 centime.

En effectuant les opérations, on trouve :

$\frac{4,80}{56} = 0,08571$ avec une erreur moindre que 0,00001.

$0,08571 \times 312 = 26,74152$ avec une erreur moindre que 0,01 (*).

3. Le résultat 26,74152 étant trop faible d'une quantité moindre que 1 centième, les chiffres 152 sont trop faibles, et il est inutile de les conserver puisqu'on ne connaît pas leur véritable valeur. Mais en les supprimant, on diminue le nombre d'une quantité moindre que 1 centième, et comme il était déjà trop faible d'une quantité moindre que 1 centième, ces deux erreurs, s'ajoutant l'une à l'autre, peuvent faire une erreur totale supérieure à 1 centième. On ne pourrait donc pas dire que 26,74 est approché à moins de 1 centième. On est seulement certain que l'erreur est moindre que 2 centièmes. Ainsi 26,74 est trop faible ; 26,76 serait trop fort ; le nombre intermédiaire 26,75 diffère donc du nombre exact d'une quantité moindre que 1 centième. Mais on ne sait plus si ce nombre est approché par défaut ou par excès.

Donc, *lorsqu'un nombre est approché par défaut à moins*

(*) Pour éviter l'erreur du multiplicande, on peut résoudre le problème autrement. On indique le quotient sous la forme d'un nombre fractionnaire et on multiplie ce nombre par 312. On a ainsi $\frac{4,80 \times 312}{56}$. De cette manière on multiplie 4,80 par 312 et on divise ensuite le produit par 56, ce qui donne 26,74.

d'une unité donnée, on peut supprimer tous les chiffres à droite de celui qui exprime cette unité, en ayant soin d'augmenter ce chiffre de 1, et le degré d'exactitude du nombre n'est pas altéré.

Il en est de même si le nombre est approché par excès; seulement le dernier chiffre ne doit pas être augmenté. Car alors la quantité dont le nombre est trop fort est compensée en partie par la diminution qu'il éprouve lorsqu'on supprime des chiffres à sa droite.

Remarque. — Reportons-nous maintenant au nº 2. D'après ce qui a été dit, le produit 26,74152 est approché, non-seulement à moins de 1 centième, mais aussi à moins de 512 cent-millièmes; par conséquent, si l'on ajoute 0,00512 à ce nombre, la somme qu'on obtient 26,74464 est trop forte. On peut donc supprimer 464 sans augmenter le dernier chiffre conservé, et prendre 26,74 pour le produit approché à moins de 1 centième. Or 26,75 étant aussi approché à moins de 1 centième, d'après ce qui vient d'être expliqué, on voit que deux nombres qui sont approchés à moins d'une unité de même ordre n'ont pas nécessairement tous leurs chiffres égaux. Le dernier chiffre de l'un peut différer de 1 du dernier chiffre de l'autre.

4. Il n'est pas toujours aussi facile que dans l'exemple du nº 2 de déterminer le degré d'approximation d'un résultat qui ne peut être obtenu exactement, ou de savoir avant de commencer les opérations, combien les nombres employés doivent avoir de chiffres pour que l'erreur du résultat soit moindre qu'une quantité donnée. On y parvient alors en s'appuyant sur quelques principes que nous allons établir, et dont l'ensemble constituera une théorie très-simple des approximations.

Dans ces questions, on ne connaît pas en général l'erreur qui affecte les nombres, mais il suffit de savoir qu'elle est moindre qu'une certaine quantité connue. Cette quantité est appelée *limite supérieure* ou simplement *limite* de l'erreur.

Par exemple, la limite de l'erreur d'un nombre approché est 1 millième, quand on sait que cette erreur est inférieure à 1 millième. Il est évident qu'il n'y a pas une seule limite, mais une infinité ; car si l'erreur est moindre que 1 millième, elle est à plus forte raison moindre que 2 millièmes, 5 millièmes, etc.

On doit toujours prendre une limite aussi rapprochée que possible de l'erreur du nombre exact ; on se fait de cette manière une idée plus juste de la valeur de ce nombre. Par exemple, un homme demande quelle est la distance qui sépare deux villes ; cette distance étant de 80 kilomètres, il en a une idée moins nette lorsqu'on lui répond qu'elle est inférieure à 100 kilomètres, que si on lui disait qu'elle est inférieure à 81 kilomètres.

On considère aussi quelquefois des *limites inférieures*. Ainsi, en ajoutant que la distance demandée est aussi supérieure à 75 kilomètres, on fait connaître une limite inférieure. Dans tout ce qui suit, le mot *limite* désignera toujours la limite supérieure ; quand il sera nécessaire de parler de l'autre, on l'indiquera.

Tout en cherchant une limite peu éloignée de l'erreur elle-même, il faut cependant l'exprimer de la manière la plus simple, et pour cela, on prend ordinairement un nombre composé d'une seule unité décimale. Ainsi, lorsque l'erreur d'un résultat est inférieure à 8 millièmes, on dit pour plus de simplicité qu'elle est moindre que 1 centième.

De même, si l'on a reconnu que l'erreur d'un nombre approché qui entre dans une opération *doit être* moindre que 32 centièmes, par exemple, pour que le résultat ait le degré d'approximation voulu, on prendra le nombre avec une erreur plus petite que 1 centième. Son erreur étant ainsi plus faible que cela n'était nécessaire, celle du résultat sera à plus forte raison inférieure à la limite qui lui aura été imposée.

§. II. — ADDITION.

5. *Lorsque plusieurs nombres sont approchés dans le même sens, c'est-à-dire tous trop forts ou tous trop faibles, l'erreur de la somme est égale à la somme des erreurs de ces nombres.*

Il est évident, en effet, que si trois nombres sont trop faibles, le 1er de 5 millièmes ; le 2e de 4 millièmes, et le 3e de

1.

2 millièmes, leur somme sera trop faible de $(5+4+2)$ millièmes, ou de 0,011.

Si l'on ne connaît que les limites des erreurs des nombres additionnés, l'erreur de leur somme est plus petite que la somme de ces limites. Par exemple, si les erreurs des trois nombres étaient respectivement moindres que 5 millièmes, 4 millièmes et 2 millièmes, l'erreur de leur somme serait moindre que 0,011.

Lorsque la limite de l'erreur est la même pour tous les nombres, l'erreur de la somme est plus petite que cette limite répétée autant de fois qu'il y a de nombres additionnés.

Problème 1. — *On a mesuré quatre règles en négligeant les millimètres. La 1re a $0^m,52$; la 2e a $0^m,48$; la 3e a $0^m,25$. et la 4e a $0^m,19$. Quelle est la longueur totale de ces règles placées les unes à la suite des autres en ligne droite?*

La somme de ces quatre nombres est $1^m,24$; mais elle n'exprime pas le nombre total de centimètres contenus dans la longueur des quatre règles. Chacune des longueurs additionnées étant trop faible d'une quantité moindre que 1 centimètre, la somme est trop faible d'une quantité inférieure seulement à 4 centimètres. Ainsi, le nombre réel de centimètres pourrait être un des nombres $1^m,24$; $1^m,25$; $1^m,26$ ou $1^m,27$.

Remarque. — Comme on ne connaît pas la valeur exacte du chiffre des centimètres, il est inutile de le conserver, et on se bornera à celui des décimètres; car l'erreur est moindre que 1 décimètre. Mais, en supprimant le chiffre 4, il faut d'après la règle du no 5, augmenter de 1 le chiffre 2.

La longueur cherchée est donc $1^m,3$ avec une erreur plus petite que 1 décimètre en plus ou en moins.

Problème 2. — *Convertir en décimales les fractions $\frac{3}{7}$, $\frac{5}{9}$, $\frac{4}{13}$, et trouver leur somme approchée à moins de 1 millième.*

L'erreur de la somme des trois fractions devant être moindre que 1 millième, il suffira que l'erreur de chaque fraction soit inférieure à 1 tiers de millième, on la rendra alors moindre que 1 dix-millième, en prenant ces trois fractions avec quatre chiffres décimaux, et l'erreur de leur somme sera à plus forte raison moindre que 1 millième.

$\frac{3}{7} = 0,4285$
$\frac{5}{9} = 0,5555$
$\frac{4}{13} = 0,3076$

somme $= 1,2916$

La somme est 1,2916. Comme elle est approchée à moins de 1 millième, on supprime 6 et on prend (nº 5) 1,292 pour la somme demandée.

§. III. — SOUSTRACTION.

6. *Quand deux nombres sont approchés dans le même sens, l'erreur de leur différence est égale à la différence de leurs erreurs.*

Quand les deux nombres sont approchés en sens inverse, c'est-à-dire l'un trop fort et l'autre trop faible, l'erreur de leur différence est égale à la somme de leurs erreurs.

En effet, soient deux nombres tous deux trop faibles, le 1er de 5 centièmes et le 2e de 2 centièmes. A cause de l'erreur du 1er, le reste de la soustraction serait trop faible de 5 centièmes, et à cause de l'erreur du 2e, il serait trop fort de 2 centièmes; donc il est trop faible de 5 centièmes moins 2 centièmes, c'est-à-dire de 1 centième.

Si au contraire le 1er nombre étant toujours trop faible de 5 centièmes, le 2e était trop fort de 2 centièmes, il est évident qu'à cause de l'erreur du 2e, le reste serait encore trop faible de 2 centièmes. L'erreur dont il serait affecté serait donc 5 centièmes plus 2 centièmes ou 5 centièmes.

Lorsqu'on ne connaît que les limites des erreurs dont les deux nombres de la soustraction sont affectés, l'erreur du reste est plus petite que la somme des limites de ces erreurs, que les nombres soient approchés dans le même sens ou en sens inverse.

Remarque. Quoique l'erreur de la différence de deux nombres approchés dans le même sens soit égale à la différence des erreurs dont ils sont affectés, il ne serait pas exact de dire, quand on connaît seulement les limites de ces erreurs, que l'erreur de la différence est moindre que la différence de ces limites.

En effet, supposons le 1er nombre trop faible d'une quantité moindre que 4 centièmes, et le 2e trop faible d'une quantité moindre que 5 centièmes. La différence de ces limites est 1 centième. Or, l'erreur du 1er nombre pourrait être égale à 1 centième, et celle du 2e égale à 4 centièmes. Dans ce cas, l'erreur réelle serait égale à 5 centièmes; elle ne serait donc pas inférieure à 1 centième.

Problème 5. — *On retranche 16,57 de 23,65, ces deux nombres étant approchés à moins de 1 centième. Quel est le degré d'approximation du résultat ?*

Le reste est 7,28 et l'erreur dont il est affecté est inférieure à 2 centièmes. Mais on ne sait pas si l'erreur est par défaut ou par excès, puisqu'on n'a pas fait connaître dans l'énoncé si les deux nombres donnés sont approchés dans le même sens ou en sens inverse.

Problème 4. — *On doit retrancher 1,57468 de 7,41652, de manière que l'erreur du reste soit seulement moindre que 1 centième. Quels chiffres peut-on négliger sur la droite de ces deux nombres ?*

Pour que l'erreur du reste soit moindre que 1 centième, il suffit que l'erreur que l'on commettra en négligeant des chiffres sur la droite des deux nombres soit inférieure à 1 demi-centième. Si on la rend moindre que 1 millième, le reste sera à plus forte raison approché à moins de 1 centième. On retranchera donc seulement 1,574 de 7,416, ce qui donne 5,842, nombre approché à moins de 1 centième.

Observation. Les deux nombres 1,574 et 7,416 étant tous deux trop faibles d'une quantité moindre que 1 millième, on ignore si le reste obtenu 5,842 est approché par défaut ou par excès. On ne peut donc pas supprimer le chiffre 2, car on ne sait pas s'il faut augmenter ou non de 1 le chiffre 4 (no 5). Pour éviter cette incertitude, on peut prendre le 1er nombre approché par excès et le 2e par défaut, en faisant toujours l'erreur moindre que 1 millième. On retranche ainsi 1,574 de 7,417. Le reste 5,843 étant alors approché par excès à moins de 1 centième, on peut prendre seulement 5,84 pour le reste demandé.

§. IV. — MULTIPLICATION.

7. *Dans une multiplication de deux facteurs, si l'un est exact et l'autre approché, l'erreur du produit est égale à l'erreur du facteur approché multipliée par le facteur exact.*

En effet, si, au lieu de multiplier 5,48 par 62, on multiplie 5,4, le produit est évidemment trop faible de 62 fois 8 centièmes. Par conséquent, si l'on sait seulement que l'erreur du multiplicande est moindre qu'une certaine quantité, celle du produit sera moindre que cette quantité multipliée par le multiplicateur.

PROBLÈME 5. — *Chercher à moins de 1 centime le prix à payer sur un chemin de fer pour parcourir 512 kilomètres, en sachant que pour 56 kilomètres on a payé 4 fr. 80.*

En traitant ce problème au nº 2, on a vu qu'il faut d'abord chercher le prix pour 1 kilomètre avec un degré d'approximation assez grand pour que l'erreur du produit obtenu en multipliant ce prix par 512 soit moindre que 1 centime. On y est parvenu par quelques tâtonnements, mais le principe ci-dessus donne le moyen de trouver directement ce degré d'approximation.

En effet, l'erreur qu'on pourra commettre sur le quotient de 4,80 divisé par 56 doit être telle que 512 fois cette erreur forment un nombre moindre que 1 centième. Il suffira pour cela que cette erreur soit inférieure à la 512ᵉ partie de 1 centième. Si on la rend moindre que la 1000ᵉ partie de 1 centième, c'est-à-dire moindre que 1 cent-millième, celle du produit sera à plus forte raison moindre que 1 centième. On cherchera donc le quotient jusqu'au chiffre des cent-millièmes inclusivement, ce qui est conforme à ce qui a été dit au nº 2.

8. *Quand les deux facteurs sont tous deux approchés dans le même sens, l'erreur du produit est égale à l'erreur du multiplicande multipliée par le multiplicateur, plus l'erreur du multiplicateur multipliée par le multiplicande, plus le produit des deux erreurs.*

Soit, par exemple, 7, 6×2, 9. Diminuons le multiplicande

de 0,5 et le multiplicateur de 0,1 et cherchons la différence entre le produit exact $7,6\times 2,9$ et le produit trop faible $7,5\times 2,8$.

Le produit exact est égal à $(7,5+0,5)\times(2,8+0,1)$. Multiplions les deux termes du multiplicande par chaque terme du multiplicateur, en indiquant seulement au moyen des signes les multiplications partielles et les additions. Nous aurons ainsi pour produit :

$$7,5\times 2,8+7,5\times 0,1+0,5\times 2,8+0,5\times 0,1.$$

On voit que la différence entre ce produit et le produit défectueux $7,5\times 2,8$ est égale à

$$7,5\times 0,1+0,5\times 2,8+0,5\times 0,1,$$

ce qui démontre le principe énoncé.

Remarque I. — *Lorsque l'erreur est la même dans les deux facteurs, l'erreur du produit est égale à cette erreur multipliée par la somme des deux facteurs, plus le carré de cette erreur.*

Car si dans l'exemple précédent on diminue le multiplicateur 2,9 de 0,5 comme le multiplicande, l'erreur du produit $7,5\times 2,6$ sera, d'après la démonstration précédente, $0,5\times 7,5+0,5\times 2,6+0,5\times 0,5$, ou, ce qui est la même chose, $0,5\times(7,5+2,6)+0,5\times 0,5$. (*)

Remarque II. — L'erreur qui affecte les deux facteurs d'une multiplication étant ordinairement peu considérable, le produit de ces deux erreurs est encore plus petit. On peut pour cette raison négliger ce produit afin de rendre plus facile l'application de ce principe. On dira donc : *l'erreur du produit de deux facteurs approchés dans le même sens est à peu près égale à l'erreur du multiplicande multipliée par le multiplicateur, plus l'erreur du multiplicateur multipliée*

(*) En effet, lorsqu'on doit multiplier une même quantité par deux nombres et additionner les deux produits, il revient au même de multiplier cette quantité par la somme des deux autres.

Par exemple, un homme achète 6m à 15 fr. le mètre, puis 2m au même prix. Il doit payer 6 fois 15 fr., plus 2 fois 15 fr., c'est-à-dire $15\times 6+15\times 2$ ou 8 fois 15 fr., c'est à dire $15\times(6+2)$. Remplacer l'expression $15\times 6+15\times 2$ par l'expression équivalente $15\times(6+2)$, c'est ce qu'on appelle mettre 15 en facteur commun.

par le multiplicande, et si l'erreur est la même pour les deux facteurs, l'erreur du produit est à peu près égale à l'erreur des deux facteurs multipliée par leur somme.

PROBLÈME 6. — *Quelle est la limite de l'erreur du produit* $74,25 \times 24,56$, *ces deux facteurs étant tous deux trop faibles d'une quantité moindre que* 0,01 ?

Si l'erreur des facteurs était égale à 0,01 celle du produit serait à peu près égale à $0,01 \times (74,25 + 24,56)$, et puisque l'erreur des facteurs est moindre que 0,01 celle du produit est aussi moindre que $0,01 \times (74,25 + 24,56)$. Or, la somme des deux facteurs étant inférieure à 100, il est évident que l'erreur du produit est à plus forte raison moindre que $0,01 \times 100$, c'est à dire moindre que 1 unité.

Le produit est 1708,2428. Comme il est approché par défaut à moins de 1 unité seulement, on supprimera tous les chiffres à droite de 8, d'après la règle du nº 3 et on prendra pour produit 1709.

PROBLÈME 7. — *On doit multiplier* 60,748341 *par* 27,598158, *le produit devant seulement être approché à moins de* 0,01. *Combien peut-on négliger de chiffres sur la droite des facteurs?*

Observons d'abord que si l'on suivait la règle ordinaire de la multiplication, le produit obtenu aurait douze chiffres décimaux, et comme on n'a besoin de connaître que les deux premiers, il y a plusieurs chiffres inutiles à employer sur la droite des deux facteurs. Cherchons quels sont ceux qu'il faut conserver.

Pour plus de simplicité, représentons par e l'erreur qu'on pourra commettre sur les deux facteurs, par a et b, le multiplicande et le multiplicateur affectés de l'erreur e. L'erreur du produit sera à peu près égale à $e \times (a + b)$, et comme elle doit être inférieure à 0,01, il faut qu'on ait $e \times (a + b) < 0,01$, ou, ce qui revient au même, il faut qu'on ait $e < \frac{0,01}{a+b}$

Ainsi, l'erreur qu'on peut commettre sur les deux facteurs doit être plus petite que 0,01 divisé par la somme des deux facteurs a et b ou par la somme des deux facteurs donnés. Or cette somme est inférieure à 100, donc si l'on fait l'erreur *e* moindre que 0,01 divisé par 100, c'est-à-dire moindre que 0,0001, celle du produit sera à plus forte raison inférieure à 0,01.

On multipliera donc 60,7485 par 27,5981 ; on supprimera au produit tous les chiffres décimaux à droite de celui des centièmes, en augmentant ce chiffre de 1. On trouve ainsi pour le produit demandé 1676,54.

9. *Quand les deux facteurs d'une multiplication sont approchés en sens inverse, l'erreur du produit est égale à la différence des deux produits obtenus en multipliant l'erreur du multiplicande par le multiplicateur et l'erreur du multiplicateur par le multiplicande, moins le produit des deux erreurs.*

Soit 18×54. Diminuons le multiplicande de 4 et augmentons le multiplicateur de 2, et cherchons la différence entre le produit exact 18×54 et le produit 14×56. Le produit exact est égal à $(14+4) \times (56-2)$. Multiplions chaque terme du multiplicande par chaque terme du multiplicateur en indiquant seulement les multiplications et les additions partielles au moyen des signes, et en nous rappelant que si les deux termes qui sont multipliés entre eux sont précédés du même signe, on met le signe + devant leur produit, et que si les signes sont différents on met — devant le produit. On aura ainsi pour le produit exact

$$14 \times 56 - 14 \times 2 + 4 \times 56 - 4 \times 2$$

Or, la différence entre ce produit et le produit approché 14×56 est $4 \times 56 - 14 \times 2 - 4 \times 2$, ce qui démontre le principe énoncé.

Remarque. — On peut aussi négliger le produit des erreurs comme dans le cas où les deux facteurs sont approchés dans le même sens. Mais, si l'on ne connaît que les limites des erreurs des deux facteurs, il ne serait pas exact de dire que l'erreur du produit est moindre que la différence des produits obtenus en multipliant la limite de l'erreur du multiplicande par le multiplicateur et la limite de l'erreur du multiplicateur par le multiplicande.

En effet, supposons que, dans le produit 56×28, le multiplicande soit trop fort d'une quantité inférieure à 0,01 et le multiplicateur trop faible d'une quantité moindre aussi que 0,01. La différence des produits de la limite de l'erreur de chaque facteur multipliée par l'autre facteur est égale à

$$0,01 \times 56 - 0,01 \times 28 = 0,08$$

Or, l'erreur du multiplicande pourrait être égale à 0,009 et celle du multiplicateur égale à 0,001. Dans ce cas, l'erreur du produit serait

$$0,009 \times 28 - 0,001 \times 56 = 0,216$$

en négligeant le produit des deux erreurs qui est 0,000009. L'erreur du produit ne serait donc pas inférieure à 0,08.

§ V. — MULTIPLICATION ABRÉGÉE.

10. Pour trouver le produit de deux nombres approchés seulement à moins d'une unité donnée, il y a une autre méthode qui abrège considérablement l'opération en n'employant pour le calcul de chaque produit partiel que les chiffres strictement nécessaires. Elle est indiquée par la règle suivante.

Règle. — *On écrit le multiplicateur à rebours sous le multiplicande en plaçant le chiffre des unités simples sous celui du multiplicande qui exprime des unités 100 fois plus faibles que celles que doit exprimer le produit demandé, et s'il reste sur la droite du multiplicateur des chiffres sur lesquels il n'y a pas de chiffres dans le multiplicande, on écrit des zéros au-dessus d'eux à la suite du multiplicande.*

On multiplie ensuite le multiplicande par chaque chiffre du multiplicateur de droite à gauche, en commençant au chiffre du multiplicande qui est au-dessus de celui par lequel on multiplie, sans tenir compte des chiffres qui restent à droite. On néglige aussi sur la gauche du multiplicateur les chiffres sur lesquels il n'y a point de chiffres dans le multiplicande. On écrit les produits partiels les uns sous les autres, en ayant soin de mettre dans la même colonne le premier chiffre à droite de tous ces produits. On fait ensuite leur somme ; on supprime les deux premiers chiffres à droite en augmentant de 1 le chiffre précédent, et on a ainsi le produit avec l'approximation demandée.

Soit, par exemple, à chercher à moins de 0,01 le produit de 60,748541 par 27,598158.

```
  60,748541
 851895,72
-----------
 1214966
  425236
   50570
    5465
     480
       6
-----------
 1676,521
```

On écrit le chiffre 7 des unités simples du multiplicateur sous le chiffre 8 du multiplicande qui exprime des unités 100 fois plus faibles que 0,1 et les autres chiffres du multiplicateur dans un ordre inverse. On multiplie le multiplicande par le 1er chiffre 2 du multiplicateur en commençant au chiffre 5; on multiplie ensuite le multiplicande par le 2e chiffre 7 en commençant au chiffre 8, etc.

Tous les produits partiels expriment des millièmes. En effet, considérons le 2e qui correspond au chiffre 7 des unités du multiplicateur. Le multiplicande 60,748 exprimant des millièmes, le produit de ce multiplicande par le chiffre des unités 7 est aussi un nombre de millièmes. Or, dans le produit précédent le multiplicande 60,7485 exprime des unités 10 fois plus faibles que le multiplicande 60,748, mais le multiplicateur correspondant 2 exprime des unités 10 fois plus fortes que le multiplicateur 7; le produit exprime donc encore des millièmes. En passant d'un produit partiel au suivant, on prend un multiplicande qui exprime des unités 10 fois plus fortes et un multiplicateur qui exprime des unités 10 fois plus faibles; l'ordre des unités exprimées par les produits partiels reste donc le même. C'est pour cette raison que le 1er chiffre de chaque produit partiel doit être dans la même colonne que le précédent. En résumé, *un chiffre quelconque du multiplicande multiplié par le chiffre correspondant du multiplicateur, donne des unités de même ordre que les unités du chiffre du multiplicande qui est au-dessus de celui des unités simples du multiplicateur.*

Il faut maintenant démontrer que l'erreur du produit obtenu par cette méthode est inférieure à 0,1. Pour cela, cherchons la limite de l'erreur commise sur chaque produit partiel.

Dans le 1er on a négligé 41 qui est moindre que 1 unité de l'ordre du chiffre précédent 5. Or, 1 unité de cet ordre multipliée par le chiffre 2 du multiplicateur aurait donné 2 millièmes ; donc la quantité dont le 1er produit partiel est trop faible est moindre que 0,002.

Dans le 2e, la partie négligée 541 est moindre que 1 unité de l'ordre du chiffre précédent 8 ; or, cette unité multipliée par le chiffre 7 aurait donné 7 millièmes ; donc l'erreur du 2e produit partiel est moindre que 0,007.

Le même raisonnement ferait voir que sur le 3e l'erreur est moindre que 0,005 ; sur le 4e, moindre que 0,009 ; sur le 5e, moindre que 0,008 ; sur le 6e, moindre que 0,001.

Mais le produit total est encore trop faible de toute la quantité qui aurait été obtenue en multipliant le multiplicande par la partie 58 qui a été négligée dans le multiplicateur. Or, cette partie 58 est moindre que 40, c'est-à-dire moindre que 4 unités de l'ordre du 5 ; d'un autre côté, le multiplicande tout entier est plus faible que 1 unité qui serait immédiatement à gauche du chiffre 6. Cette unité, multipliée par 4 unités de l'ordre du chiffre 5, donnerait 4 millièmes ; donc, l'erreur commise en négligeant la partie 58 du multiplicateur est moindre que 0,004. Par conséquent, l'erreur du produit total est inférieure à $(2+7+5+9+8+1+4)$ millièmes ; c'est-à-dire inférieure à 0,056 ; elle est donc à plus forte raison moindre que 0,1. Le produit 1676,521 étant ainsi approché à moins de 0,1, on supprime 21 d'après la règle du n° 5, en augmentant le chiffre 5 de 1, ce qui donne 1676,6 pour le produit demandé.

Cherchons, pour 2e exemple, le produit approché à moins de 0,01 de 4,8695 par 27,81565.

```
  4,86950
 56518,72
 --------
   975860
   340851
    38952
     1486
      144
       24
 --------
 155,4517
```

Le multiplicateur étant écrit à rebours sous le multiplicande, le chiffre 7 de ses unités simples doit être placé sous le chiffre 5 des dix-millièmes du multiplicande. On écrit un zéro sur la droite du multiplicande et on opère alors d'après la règle. Les produits partiels expriment des dix-millièmes.

Le 1er et le 2e sont exacts puisqu'on n'a rien négligé dans

le multiplicande; les suivants sont trop faibles. L'erreur du 5e est moindre que 0,0008; celle du 4e est moindre que 0,0001; celle du 5e est moindre que 0,0005; celle du 6e est moindre que 0,0006. De plus, l'erreur commise en négligeant le chiffre 5 du multiplicateur est moindre que 0,0005, car le multiplicateur est inférieur à 1 dizaine, et une dizaine multipliée par le chiffre 5 donnerait 0,0005. L'erreur totale est donc moindre que (8 + 1 + 5 + 6 + 5) dix-millièmes, c'est-à-dire moindre que 0,0025 et à plus forte raison moindre que 0,01. Le produit cherché est donc 155,44.

Le produit obtenu 155,4517 étant trop faible d'une quantité inférieure à 0,0025, en l'augmentant de 0,0025, on obtient le nombre 155,4540 qui est trop fort. On peut donc prendre 155,45 pour le produit demandé sans augmenter le chiffre 5.

11. Par ce qui précède, on voit qu'il est facile de connaître une limite de l'erreur dont se trouve affecté le produit obtenu par la multiplication abrégée. *Pour cela, il faut additionner entre eux les chiffres du multiplicateur renversé qui ont été employés dans la multiplication, sans compter ceux pour lesquels on n'a rien négligé dans le multiplicande, et ajouter à cette somme le premier des chiffres négligés au multiplicateur de droite à gauche, en augmentant ce chiffre de 1 s'il y a d'autres chiffres après lui.*

Remarque. — La règle donnée pour la multiplication est exacte tant que la somme des chiffres du multiplicateur qui fait connaître la limite de l'erreur du produit ne surpasse pas 100, ce qui arrive presque toujours. Si cette somme devait être supérieure à 100, le chiffre des unités simples du multiplicateur serait alors placé sous celui du multiplicande qui exprime des unités 1000 fois plus faibles que celle que doit exprimer le produit demandé. A la droite du produit obtenu, on supprimerait trois chiffres au lieu de deux.

12. Cas de 3 facteurs. — Pour connaître le degré d'approximation du produit de 3 facteurs approchés dans le même sens, on cherche d'abord le degré d'approximation du produit des deux premiers facteurs; on multiplie ensuite ce produit par le 3e facteur et on détermine le degré d'approximation de

ce dernier produit. On revient ainsi au cas de deux facteurs. On suivrait une marche analogue pour un produit d'un nombre quelconque de facteurs. (*)

Problème 8. — *Quel sera le degré d'approximation du produit* $5,82 \times 4,65 \times 27,2$, *chaque facteur étant approché par défaut à moins de 1 unité de son dernier chiffre.*

On a d'abord $5,82 \times 4,65 = 17,6866$. L'erreur de ce produit est moindre que 0,01 multiplié par la somme des deux facteurs (n° 8) et, à plus forte raison, moindre que $0,01 \times 20$ c'est-à-dire moindre que 0,02.

Il faut ensuite multiplier 17,6866 par 27,2. Le multiplicande 17,6866 étant approché par défaut à moins de 0,2, supprimons la partie 66 qui est inférieure à 0,01 ; le nombre 17,68 sera affecté d'une erreur moindre que 0,21. En multipliant 17,68 par 27,2, on a pour produit 480,896.

D'après le n° 8 l'erreur de ce produit est moindre que

$$0,21 \times 27,2 + 0,1 \times 17,68$$

et en remplaçant les deux facteurs par les nombres supérieurs 20 et 50, on voit que l'erreur du produit est moindre que $0,21 \times 50 + 0,1 \times 20$, c'est-à-dire moindre que $6,5 + 2$ et, à plus forte raison, moindre que 10. Ainsi, le produit des 3 facteurs proposés est seulement approché à moins de 1 dizaine.

Problème 9. — *Calculer à moins de* 0.1 *le produit des trois facteurs* $5,824751 \times 4,651724 \times 27,205528$.

Pour résoudre ce problème, il faut le ramener au cas où il n'y aurait que deux facteurs, en considérant comme effectué le produit des deux premiers.

Représentons par e l'erreur qu'on pourra commettre sur le multiplicande $(5,824751 \times 4,651724)$ et sur le multiplicateur 27,205528. Il faut (n° 8, probl. 7) que e soit moindre que 0,1 divisé par la somme des deux facteurs. Or, le multiplicande est inférieur à 20; la somme du multiplicande et du multiplicateur est donc inférieure à 100. Par conséquent, si l'on fait l'erreur e moindre que 0,1 divisé par 100, c'est à dire moindre que 0,001, l'erreur du produit sera à plus forte raison inférieure à 0,1.

(*) Voir la note 1, au chapitre III.

Ainsi, on calcule d'abord le produit 5,824751 × 4,651724 à moins de 0,001 en employant la méthode de la multiplication abrégée, et on obtient pour résultat 17,71282 approché par défaut à moins de 0,001.

Il reste à multiplier ce résultat par 27,205528, de manière que l'erreur du produit soit inférieure à 0,1. En suivant la marche indiquée au problème 7 (n° 8), il faudrait prendre ces facteurs exacts à moins de 0,001, tous deux dans le même sens, et multiplier 17,712 par 27,205 ou 17,715 par 27,204, par la règle de la multiplication ordinaire. Mais il est préférable d'employer la méthode de la multiplication abrégée. On trouve ainsi 481,858.

```
  17,71282
 825502,72
----------
   354256
   125984
     5542
       51
        5
----------
  481,858
```

Ce produit donne lieu à l'observation suivante. On ne peut pas dire, comme au n° 10, que l'erreur du 1er produit partiel est inférieure à 0,002. En effet, le multiplicande 17,71282 est déjà trop faible d'une quantité moindre que 0,001, c'est-à-dire moindre que 10 dix-millièmes; le multiplicande 17,7128 correspondant au chiffre 2 du multiplicateur est donc trop faible d'une quantité seulement inférieure à 11 dix-millièmes; par conséquent, l'erreur du 1er produit partiel est moindre que 0,0011 × 20 ou moindre que 22 millièmes. Le 2e multiplicande 17,712 est trop faible d'une quantité moindre que 2 millièmes; l'erreur du 2e produit est donc seulement moindre que 14 millièmes. Pour les autres produits comme au n° 10.

L'erreur du produit 481,858 est donc moindre que (22 + 14 + 2 + 5 + 5 + 5) millièmes, c'est-à-dire moindre que 0,049 et, à plus forte raison, moindre que 0,1.

On prendra donc 481,9 pour le produit demandé.

§ VI. PUISSANCES.

15. Le carré d'un nombre n'étant autre chose que le produit de deux facteurs égaux à ce nombre, le principe démontré au n° 8 pour le produit de deux facteurs s'applique au carré d'un nombre approché.

Donc, l'erreur du carré d'un nombre approché est à peu près égale à l'erreur de ce nombre multipliée par le double du nombre.

PROBLÈME 10. — *Quel sera le degré d'approximation du carré de 5,141, ce nombre étant approché par défaut à moins de* 0,001 ?

L'erreur de ce nombre étant moindre que 0,001, celle du carré sera moindre que $0{,}001 \times (5{,}141 \times 2)$ et, à plus forte raison, moindre que $0{,}001 \times 10$, c'est-à-dire moindre que 0,01.

PROBLÈME 11. — *Chercher le carré* 75,418526 *de manière qu'il soit seulement approché à moins de* 0,1.

En raisonnant comme au problème 7 (nº 8), on verra que l'erreur que l'on peut commettre en négligeant des chiffres sur la droite du nombre proposé doit être moindre que 0,1 divisé par le double de ce nombre. Or, ce double étant inférieur à 1000, si l'on prend ce nombre avec une erreur moindre que 0,1 divisé par 1000, c'est-à-dire moindre que 0,0001, l'erreur du carré sera, à plus forte raison, inférieure à 0,1 Ainsi, il suffira de multiplier 75,4185 par lui-même, et le résultat sera approché à moins de 0,1.

On pourrait aussi résoudre cette question par la multiplication abrégée.

14. Pour le cube d'un nombre, on opère comme pour le cas du produit de 3 facteurs (nº 12). On suivrait une marche analogue pour une puissance d'un degré plus élevé. Mais, il sera beaucoup plus simple de recourir alors aux principes qui seront exposés dans le Chapitre II.

§ VII. DIVISION.

15. *Lorsque le dividende est approché et le diviseur exact, l'erreur du quotient est égale à l'erreur du dividende divisée par le diviseur.*

En effet, si au lieu de partager 618 fr. entre 45 personnes, on partageait seulement 617 fr., chaque personne aurait de moins la 45ᵉ partie du franc qui aurait été retranché de

618. Ainsi, le dividende 617 étant trop faible de 1, le quotient est trop faible de $\frac{1}{15}$.

Par conséquent, si l'erreur du dividende est moindre qu'une certaine quantité, celle du quotient sera moindre que cette quantité divisée par le diviseur.

Problème 12. — *On divise 485,64 par 572, le dividende étant trop faible d'une quantité moindre que 0,01. Quelle est la limite de l'erreur du quotient?*

L'erreur du quotient sera moindre que 0,01 divisé par 572; elle sera donc, à plus forte raison, moindre que 0,01 divisé par 100, c'est-à-dire moindre que 0,0001.

Le quotient de la division est 0,84552. Comme il est approché par défaut à moins de 0,0001, on pourra prendre (n° 5) 0,8456.

Remarque. Si l'on avait pris pour dividende 485,65 qui est approché par excès à moins de 0,01, on aurait eu pour quotient 0,84555 qui est approché par excès à moins de 0,0001. On pourra donc prendre pour quotient 0,8455 sans augmenter le dernier chiffre.

Il vaut mieux, dans la division, prendre le dividende approché par excès, ce qui se fait en augmentant le dernier chiffre de 1 quand le dividende donné est approché par défaut à moins de 1 unité de son dernier chiffre. De cette manière, on n'a pas besoin d'augmenter de 1 le dernier chiffre du quotient.

Problème 15. — *On doit diviser $\sqrt{1000}$ par 54, de manière que le quotient soit approché à moins de 0,001. Combien faut-il employer de chiffres décimaux au dividende?*

Pour que l'erreur du quotient soit moindre que 0,001, il suffit que celle du dividende soit moindre que 0,054. Si on la rend moindre que 0,01, celle du quotient aura à plus forte raison le degré d'approximation demandé.

On extraira donc la racine carrée de 1000 jusqu'au chiffre des centièmes inclusivement, ce qui donne 31,63 approché par excès à moins de 0,01. En divisant ensuite par 54, on obtient 0,585 pour le quotient demandé.

16. *Lorsque le dividende est exact et le diviseur approché*

par défaut, l'erreur du quotient est moindre que l'erreur du diviseur multipliée par le dividende et divisée par le carré du diviseur.

Soit 561 à diviser par 24,7 que nous supposons trop faible d'une quantité égale à 0,1. L'erreur du quotient de ces deux nombres sera la différence entre les deux quotients $\frac{361}{24,7}$ et $\frac{361}{24,8}$.

Or on a $\frac{561}{24,7} - \frac{561}{24,8} = \frac{561 \times 24,8 - 561 \times 24,7}{24,7 \times 24,8} = \frac{561 \times 0,1}{24,7 \times 24,8}$

Cette différence est plus petite que $\frac{561 \times 0,1}{24,7 \times 24,7}$ ce qui démontre le principe énoncé.

Remarque. — Si le diviseur donné était approché par excès à moins de 1 unité de son dernier chiffre, on diminuerait ce dernier chiffre de 1. Le diviseur serait alors approché par défaut, et rentrerait ainsi dans le cas précédent.

Problème 11. — *Un capital augmenté de son intérêt au bout de 7 mois à 4 1/2 0/0 a pris une valeur de 5468 fr. Quel était ce capital?*

Pour trouver ce capital il faut diviser la somme donnée par 1 augmenté de l'intérêt de 1 fr. pendant le temps donné. Cet intérêt ne pouvant être calculé qu'approximativement dans la plupart des cas, on ne pourra aussi obtenir qu'une valeur approchée du capital demandé.

Or l'intérêt de 1 fr. pour 7 mois, à 4 1/2 0/0, est 0,026 à moins de 0,001; le capital cherché sera donc le quotient de 5,468 divisé par 1,026. D'après ce qui a été dit, l'erreur de ce quotient sera moindre que $\frac{0,001 \times 3468}{1,026^2}$, ou moindre que 5,468 et à plus forte raison moindre que 1 dizaine. Cette approximation n'est pas suffisante.

En cherchant un chiffre de plus pour l'intérêt de 1 fr., on trouve 0,0262 à moins de 0,0001 par défaut. On verra, en répétant le même raisonnement, que dans ce cas l'erreur du quotient de 5,468 divisé par 1,0262 sera moindre que 1 unité simple. On ne cherchera donc le quotient de cette division que jusqu'au chiffre des unités inclusivement.

17. *Cherchons quelle doit être la limite de l'erreur du diviseur quand le dividende est exact, pour que l'erreur du quotient soit moindre qu'une quantité donnée.*

Pour plus de simplicité, représentons par a le dividende, par b le diviseur approché *par défaut*, et par e la quantité dont il est trop faible. Le diviseur exact serait $b+e$, et la différence entre le quotient approché $\frac{a}{b}$ et le quotient exact $\frac{a}{b+e}$ sera

$$\frac{a}{b}-\frac{a}{b+e}=\frac{ab+ae-ab}{b^2+be}=\frac{ae}{b^2+be}$$

et si l'on veut que cette différence soit moindre qu'une quantité donnée k, il faut qu'on ait

$$\frac{ae}{b^2+be}<k \text{ ou } ae<kb^2+kbe \text{ ou } (a-kb)\,e<kb^2$$

ou enfin qu'on ait $e<\frac{kb^2}{a-kb}$.

Ainsi l'*erreur qu'on pourra commettre sur le diviseur doit être moindre que la limite de l'erreur du quotient multipliée par le carré du diviseur approché, et divisée par l'excès du dividende sur le diviseur multiplié par cette limite.*

Pour appliquer cette règle on rendra l'erreur e moindre qu'une quantité plus simple inférieure à $\frac{kb^2}{a-kb}$. Par exemple si l'on veut résoudre le problème 14, de manière que le capital cherché soit approché à moins de 1 unité simple, il faudra que l'erreur e soit moindre que $\frac{b^2}{a-b}$. Or b étant plus grand que 1 et b^2 plus petit que 2, la quantité $\frac{1}{a-1}$ est plus petite que $\frac{b^2}{a-b}$. On rendra donc l'erreur e moindre que $\frac{1}{a-1}$ ou mieux moindre que $\frac{1}{a}$.

Ainsi le diviseur doit être approché par défaut à moins de $\frac{1}{3468}$; pour cela on le prend approché à moins de 0,0001, c'est-à-dire avec quatre chiffres décimaux. C'est le résultat qui avait déjà été trouvé.

18. *Le dividende et le diviseur sont tous deux approchés.* Lorsque les deux nombres de la division sont tous deux trop forts ou tous deux trop faibles, on ne sait pas si le quotient est approché par défaut ou par excès; car, à cause de l'un des nombres, il doit être trop fort, et à cause de l'autre il doit être trop faible. Il vaut mieux prendre les deux nombres approchés en sens inverse, le dividende par excès et le diviseur par défaut. Dans ce cas l'erreur du quotient sera plus grande que dans l'autre, et par conséquent la limite que nous trouverons pour l'erreur de ce dernier quotient sera à plus forte raison une limite pour le cas où le dividende et le diviseur sont approchés dans le même sens.

Soit donc $(a-x) : (b+y)$ et remplaçons cette division par $a : b$. Le nouveau dividende a est trop fort de x et le diviseur b est trop faible de y; le quotient de $a : b$ sera donc trop fort. La différence entre ce quotient $\frac{a}{b}$ et le quotient exact $\frac{a-x}{b+y}$ est

$$\frac{a}{b}-\frac{a-x}{b+y}=\frac{ab+ay-ab+bx}{b(b+y)}=\frac{ay+bx}{b(b+y)}. \ (*)$$

Si l'on supprime y au dénominateur la fraction devient plus grande; donc la différence entre les deux quotients, c'est-à-dire l'erreur du quotient, est moindre que $\frac{ay+bx}{b^2}$.

Ainsi *quand le dividende est approché par excès et le diviseur par défaut, l'erreur du quotient est moindre que le quotient obtenu en divisant par le carré du diviseur approché, la somme des produits de chaque terme de la division par l'erreur de l'autre.*

Il en est de même à plus forte raison si au lieu des erreurs du dividende et du diviseur, on emploie leurs limites.

PROBLÈME 15. — *On doit diviser* 68,451 *par* 2,145, *ces deux nombres étant tous deux trop faibles d'une quantité*

(*) Dans cette opération, on a d'abord réduit les deux fractions au même dénominateur et on a ensuite retranché le numérateur de la 2e $ab-bx$ du numérateur de la 1re qui est $ab+ay$. Or, pour retrancher une quantité d'une autre il suffit d'écrire la quantité à retrancher avec des signes contraires à la suite de l'autre.

moindre que 0,001. *Quelle sera la limite de l'erreur du quotient ?*

On prendra le dividende par excès 68,452 et on conservera le diviseur par défaut 2,145. Alors l'erreur du quotient est moindre que $\frac{0{,}001 \times (68{,}452+2{,}143)}{2{,}143^2}$ ou moindre que $\frac{0{,}001 \times 100}{4}$ ou moindre que 0,1.

Les chiffres du quotient seront donc exacts jusqu'à celui des 10mes inclusivement. (*)

19. Considérons la question inverse : *quelle est la limite de l'erreur qu'on peut commettre au dividende et au diviseur en négligeant des chiffres sur leur droite, pour que l'erreur du quotient soit moindre qu'une quantité donnée* k ?

Représentons par a et b le dividende et le diviseur donnés ; par e l'erreur que l'on commet sur ces deux nombres en prenant le dividende *par défaut* et le diviseur *par excès*. Alors le nouveau dividende est $a-e$ et le nouveau diviseur est $b+e$. La différence entre les deux quotients, c'est-à-dire l'erreur du quotient $\frac{a-e}{b+e}$ sera.

$$\frac{a}{b}-\frac{a-e}{b+e}=\frac{ab+ae-ab+be}{b(b+e)}=\frac{(a+b)e}{b(b+e)}.$$

Il faut donc qu'on ait $\frac{(a+b)e}{b(b+e)}<k$ ou $e<\frac{kb(b+e)}{a+b}$.

Si l'on supprime e dans le numérateur la fraction devient plus petite ; par conséquent l'erreur du quotient sera à plus forte raison inférieure à k si l'on fait $e<\frac{kb^2}{a+b}$.

Ainsi *l'erreur qu'on peut commettre sur le dividende et le diviseur doit être moindre que la limite de l'erreur du quotient multipliée par le carré du diviseur et divisée par la somme du dividende et du diviseur.*

Problème 16. — *Chercher à moins de* 0,1 *le quotient de* 68,451724 *divisé par* 2,145529.

(*) Cette question et la précédente, n° 17, se résolvent plus facilement au moyen de l'erreur relative, chapitre II.

Pour que l'erreur du quotient soit inférieure à 0,1 il faut que l'erreur e qu'on veut commettre en négligeant des chiffres à la droite du dividende et du diviseur, soit moindre que $\frac{0.1 \times 2,143529^2}{68,451724 + 2,143529}$ ou moindre que $\frac{0,1 \times 4}{100}$ ou moindre que $\frac{0,1}{100}$.

Ainsi l'erreur à commettre au dividende et au diviseur doit être inférieure à 0,001. On divisera donc 68,451 par 2,144 jusqu'au chiffre des 10mes du quotient inclusivement; mais comme le dividende est trop faible et le diviseur trop fort, il faudra augmenter de 1 le dernier chiffre du quotient (nº 5).

Observation. Pour résoudre cette question il est préférable de suivre la règle suivante.

§ VIII. DIVISION ABRÉGÉE.

20. Pour trouver le quotient de deux nombres approché à moins d'une unité d'un ordre donné, en n'employant dans le dividende et dans le diviseur que les chiffres indispensables, il y a une méthode qui est l'inverse de celle de la multiplication abrégée (nº 10). Afin de rendre le raisonnement plus simple, on peut toujours ramener l'opération au cas où le quotient doit être approché à moins de 1 unité entière. Il suffit de multiplier le dividende par 10, si le quotient doit être approché à moins de 0,1; par 100, s'il doit être approché à moins de 0,01, etc. En effet, le dividende devenant 10 fois trop fort, le quotient est lui-même 10 fois trop grand, et si le quotient obtenu exprime des unités entières, il faudra le regarder comme exprimant des 10mes.

Maintenant en considérant le dividende comme le produit de la *multiplication abrégée* du diviseur par le quotient qui exprime des unités entières, le diviseur étant le multiplicande et le quotient le multiplicateur, et en se rappelant bien la manière d'opérer dans la multiplication abrégée, on voit :

1º Que chaque diviseur partiel (c'est-à-dire chaque multiplicande) aura un chiffre de moins que le précédent;

2° Que les divers produits partiels du diviseur par les chiffres du quotient exprimeront des unités de même ordre que le dernier, puisque le dernier chiffre du quotient est celui des unités entières ;

3° Qu'on devra négliger dans le dividende tous les chiffres à droite de celui qui exprime des unités de même ordre que celles de tous les produits partiels, c'est-à-dire des unités de même ordre que celles du dernier diviseur employé dans l'opération.

La seule difficulté qui reste est de savoir quelle est la partie du diviseur total qu'il faudra prendre pour le dernier diviseur, pour que l'erreur du quotient obtenu soit inférieure à 1 unité. Le cas le plus défavorable est celui où tous les chiffres du quotient seraient des 9. Or, la limite de l'erreur du produit de la multiplication abrégée du diviseur par le quotient étant égale à la somme des chiffres du quotient (n° 11), l'erreur de ce produit sera dans tous les cas moindre que la somme d'autant de 9 qu'il doit y avoir de chiffres au quotient, cette somme exprimant les mêmes unités que les produits partiels, c'est-à-dire que le dernier diviseur. Or, il suffit, comme on le démontrera plus loin, que le dernier diviseur *ne soit pas inférieur* à l'erreur dont se trouve affecté le produit de la multiplication abrégée du diviseur par le quotient, et par conséquent qu'il soit au moins égal à autant de fois 9 que le quotient doit contenir de chiffres.

Ce qui précède fera comprendre la règle suivante.

21 Règle. *Pour trouver le quotient de deux nombres approché à moins d'une unité décimale donnée, on multiplie d'abord le dividende par 10. si cette unité décimale est le 10e; par 100, si cette unité est le 100e, etc. On a alors à calculer le quotient du nouveau dividende par le diviseur donné à moins d'une unité entière.*

On cherche combien le quotient doit avoir de chiffres; puis on sépare sur la gauche du diviseur une partie qui, abstraction faite de la virgule, soit au moins égale à autant de fois 9 que le quotient doit contenir de chiffres : cette partie sera le dernier diviseur de l'opération. Pour avoir le premier on prend le dernier suivi d'autant de chiffres moins un que le quotient doit en contenir. On supprime ensuite au dividende les chiffres à droite de celui qui exprime les mêmes unités que le dernier diviseur.

On divise alors le dividende par le 1er diviseur, ce qui donne le 1er chiffre du quotient, et on soustrait du dividende le produit du 1er diviseur par ce chiffre. On divise ensuite le reste par le 1er diviseur dont on supprime le dernier chiffre, ce qui donne le 2e chiffre du quotient; on soustrait du 2e dividende le produit du 2e diviseur par le 2e chiffre du quotient, et on continue de la même manière, en divisant toujours le reste par le diviseur précédent, privé de son dernier chiffre, jusqu'à ce qu'on ait employé le dernier diviseur.

Exemple. — Chercher à moins de 0,01 le quotient de 68,491724 par 2,145529.

On multiplie d'abord le dividende par 100 et on a alors à chercher le quotient de 6849,1724 par 2,145529 à moins d'une unité.

```
6849,17 | 24    | 2,14552 | 9
                |-----------
  11861         |   5195
  20426
   1159
     69
```

On reconnaît facilement que le quotient aura 4 chiffres; or 4 fois 9 font 56. Il faut donc prendre 2,14 pour dernier diviseur; le 1er sera 2,14552, et comme le dernier diviseur exprime des 100es on supprimera au dividende la partie 24 qui est à droite des 100es. On opère ensuite d'après la règle énoncée, ce qui donne 5195 pour le quotient.

22. Il s'agit maintenant de démontrer que ce quotient diffère de moins de 1 unité du quotient exact.

Pour plus de simplicité représentons par N le dividende 6849,1724; par d le diviseur 2,145529; par p' le produit de la multiplication abrégée du diviseur par le quotient 5195, et par p le produit qu'on obtiendrait en multipliant le diviseur total par ce quotient, d'après la règle de la multiplication ordinaire.

L'erreur qu'on a commise en multipliant le diviseur par le quotient d'après la méthode abrégée, est moindre (no 11) que $(5+1+9+5)$ centièmes, c'est-à-dire moindre que

0,18. Le produit exact p est donc plus grand que p' mais plus petit que $p' + 0,18$ ou plus petit que $p' + 2,14$ puisque le dernier diviseur est au moins égal à la limite de l'erreur du produit p'. C'est ce qu'on peut écrire ainsi

$$p' < p < p' + 2,14 \ldots\ldots (1)$$

D'un autre côté le dividende N est plus grand que p', puisqu'après qu'on en a retranché le produit p', il reste 0,6924. Or il est égal à $p' + 0,6924$; il est donc inférieur à $p' + 2,14$ puisque le reste est plus petit que le dernier diviseur. On a donc

$$p' < N < p' + 2,14 \ldots\ldots (2)$$

Les inégalités (1) et (2) font voir que le dividende N et le produit p de tout le diviseur par le quotient obtenu sont compris entre p' et $p' + 2,14$, c'est-à-dire entre deux nombres qui diffèrent de moins d'une fois le diviseur total; donc à plus forte raison le produit p diffère du dividende N d'une quantité plus petite que le diviseur, soit en plus, soit en moins. Par conséquent le quotient 5195 diffère du quotient exact de moins d'une unité par défaut ou par excès.

Remarque. — Il arrive quelquefois que dans une division partielle on trouve 10 pour quotient. Alors on augmente de 1 le chiffre précédent du quotient et on remplace les autres par des zéros, ou bien on remplace 10 par 9 suivi d'autant de 9 qu'on doit encore trouver de chiffres. Dans le 1er cas, le le quotient est approché par excès; dans le 2e par défaut, mais toujours à moins de 1 unité.

§ IX. RACINES.

25. *L'erreur de la racine carrée d'un nombre approché par défaut ou par excès est moindre que l'erreur de ce nombre divisée par le double de la racine.*

Soit $a + e$ un nombre et a le nombre approché; son erreur est égale à e. Si l'on désigne par x la différence entre les racines carrées de ces deux nombres, on aura

$$x = \sqrt{a+e} - \sqrt{a} \quad \text{ou} \quad x + \sqrt{a} = \sqrt{a+e}$$

Élevant les deux membres au carré on obtient

$$x^2 + 2x\sqrt{a} + a = a + e \text{ ou } 2x\sqrt{a} = e - x^2$$

d'où $x = \dfrac{e - x^2}{2\sqrt{a}}$.

En supprimant x^2 dans le 2e membre on rend le numérateur plus grand et on a $x < \dfrac{e}{2\sqrt{a}}$ ce qu'il fallait démontrer.

PROBLÈME 17. — *Le nombre 915.58 étant trop faible d'une quantité moindre que 0,01, combien y aura-t-il de chiffres exacts dans sa racine carrée?*

L'erreur de ce nombre étant moindre que 0,01 celle de sa racine carrée sera moindre que $\dfrac{0,01}{2\sqrt{915,38}}$. Or la racine carrée de 915,58 est supérieure à 50; l'erreur sera donc à plus forte raison inférieure à $\dfrac{0,01}{2 \times 30}$ ou inférieure à 0,001.

On extraira donc la racine carrée du nombre proposé jusqu'au chiffre des millièmes inclusivement, en ayant soin d'augmenter le dernier chiffre de 1 (no 5).

24. Voici un autre principe qui fait connaître encore plus simplement combien on peut obtenir de chiffres exacts à la racine carrée d'un nombre approché, et avec quel degré d'approximation il faut prendre le nombre, pour que l'erreur de sa racine carrée soit moindre qu'une quantité donnée

Lorsqu'on doit extraire la racine carrée d'un nombre entier à moins de 1 unité, il suffit de connaître plus de la moitié de ses chiffres à partir de la gauche en remplaçant les autres par des zéros.

Par exemple, si l'on remplace 915587216 par 915580000, la racine carrée du 2e nombre différera de moins de 1 unité de celle du 1er nombre.

Pour le démontrer, représentons le 1er nombre par a, le 2e par b et par e la différence entre leurs racines carrées. On aura ainsi $e = \sqrt{a} - \sqrt{b}$ ou $e + \sqrt{b} = \sqrt{a}$

en élevant les deux membres au carré et tirant la valeur de e on a $e = \frac{a - b - e^2}{2\sqrt{b}}$ et en supprimant e^2 au numérateur on obtient $e < \frac{a - b}{2\sqrt{b}}$.

Or le numérateur $a - b$ a 4 chiffres; $\sqrt{b}$ en a 5; la fraction $\frac{a-b}{\sqrt{b}}$ est donc inférieure à 1. Donc l'erreur e est moindre que 1 unité, et même moindre que 1 demi-unité.

Ce principe s'applique aussi à un nombre décimal en regardant ce nombre comme un nombre entier d'unités décimales.

Problème 18. — *Combien y aura-t-il de chiffres exacts à la racine carrée de* 28,567, *ce nombre étant approché par défaut à moins de* 0,01 ?

Le nombre exact serait 28,567 suivi d'un certain nombre de chiffres que l'on ne connaît pas. Or, si l'on connaissait les quatre chiffres qui suivent le chiffre 7, on pourrait les remplacer par des zéros, et la racine carrée de 28,5670000 considérée comme nombre entier ne différerait pas d'une unité de celle du nombre 28,567 suivi des quatre chiffres inconnus qui seraient à sa droite.

Ainsi on écrira à la droite du nombre donné autant de zéros moins un qu'il y a de chiffres dans ce nombre, et on extraira la racine carrée du nombre ainsi formé 28,5670000.

Il faut observer ici que le nombre des chiffres décimaux devant être pair, le dernier zéro ne servira de rien ; on extraira seulement la racine carrée de 28,567000 qui est égale à 5,526.....

Ce résultat avec tous les chiffres qui suivraient 6 est approché par défaut à moins de 1 unité de ce chiffre ; d'après la règle du nº 5, il faudra donc prendre 5,527 pour la racine cherchée.

Remarque. — La racine 5,526..... est aussi approchée à moins de 1 demi-unité du chiffre 6, c'est-à-dire à moins de 0.0005. Or le chiffre suivant serait 1 ; la racine est donc comprise entre 5,5261 et 5.5266. On pourrait donc prendre 5,526 sans augmenter le dernier chiffre.

PROBLÈME 19. — *Calculer à moins de 0,001 la racine carrée de 12 $\frac{4}{7}$.*

Il faut d'abord convertir $\frac{4}{7}$ en décimales, et comme on veut obtenir la racine jusqu'au chiffre des millièmes inclusivement, le nombre décimal dont on cherche la racine devrait exprimer des millioniêmes. Il faudrait donc prendre 12 $\frac{4}{7}$ avec 6 chiffres décimaux, en tout 8 chiffres. D'après le principe précédent, il suffira d'en connaître plus de la moitié, c'est-à-dire 5. On se bornera donc au chiffre des millièmes, ce qui donne $\frac{4}{7} = 0,571$, et on extraira la racine carrée de 12,571000.

On trouve ainsi 5,545..... mais à cause des chiffres négligés à la suite on prendra 5,546.

PROBLÈME 20. — *Extraire à moins de 0,01 la racine 4e de 5247.*

Pour obtenir la racine 4e d'un nombre, il faut extraire la racine carrée de sa racine carrée. Or la dernière de ces deux racines devant exprimer des centièmes, il faudrait que la 1re eût quatre chiffres décimaux, ce qui ferait en tout 6 chiffres puisqu'elle aura deux chiffres à sa partie entière. Mais il suffira d'en connaître plus de la moitié, c'est-à-dire quatre. Ainsi on extraira d'abord la racine carrée de 5,247 jusqu'au chiffre des centièmes, ce qui donne 72,45. On extrait ensuite la racine carrée de 72,4500, et on trouve 8,51.....

Conformément à la règle du nº 5 on prendra 8,52 pour la racine 4e de 5247 à moins de 0,01.

25. En raisonnant comme au nº 25 on trouvera que l'erreur x dont est affectée la racine cubique d'un nombre a approché par défaut avec une erreur e est moindre que $\frac{e}{3\sqrt[3]{a^2}}$.

Le principe du nº 24 est vrai aussi pour la racine cubique; car en suivant la même marche, on voit que l'erreur e est moindre que $\frac{a-b}{3\sqrt[3]{b^2}}$.

Mais quand il s'agit de la racine cubique et des racines d'un degré plus élevé, les questions d'approximation se résolvent plus facilement par les principes du chapitre suivant.

CHAPITRE II.

§ I. ERREURS RELATIVES.

26. Une erreur assez petite par elle-même peut être grande par rapport à la quantité sur laquelle elle a été commise. Ainsi, il est évident qu'un homme qui se trompe de 1 centimètre sur une longueur de 1 mètre, fait une erreur bien plus considérable que celui qui se tromperait de 1 mètre en mesurant la distance de Paris à Lyon qui est de 512 kilomètres ou 512000 mètres. Dans ce dernier cas, l'erreur n'est que la 512000ᵉ partie de la distance mesurée ; dans le 1ᵉʳ elle en est la 100ᵉ partie. Aussi est-il souvent nécessaire d'évaluer l'erreur non par le nombre d'unités dont elle se compose, mais par son rapport avec la quantité sur laquelle elle a été commise. L'erreur ainsi envisagée est désignée par le nom *d'erreur relative*, pour la distinguer de l'erreur ordinaire qui a été étudiée dans le chapitre précédent et qu'on appelle *erreur absolue*.

On appelle donc erreur relative *d'un nombre approché la fraction qui indique de quelle partie de lui-même le nombre exact a été diminué ou augmenté.*

27. D'après cela on obtient l'erreur relative en divisant l'erreur absolue par le nombre exact. Par exemple, si au lieu du nombre 5,48 on prend 5,46, l'erreur absolue étant 0,02, l'erreur relative sera $\frac{0{,}02}{3{,}48}$ ou $\frac{2}{348}$ c'est-à-dire que le nombre a été diminué de 2 fois la 548ᵉ partie de lui même.

De même si l'on connaît l'erreur relative d'un nombre approché, on en déduira facilement l'erreur absolue. Supposons en effet que le nombre 57,56 soit affecté d'une erreur relative par défaut égale à $\frac{3}{1000}$ (*). Le nombre exact qui est inconnu a été diminué de 5 fois la 1000ᵉ partie de lui-même.

(*) Pour plus de clarté nous écrirons avec un numérateur et un dénominateur, toute fraction décimale qui exprimera l'erreur relative.

Le nombre donné ne contient donc que 997 fois la 1000ᵉ partie du nombre inconnu. Par conséquent la 1000ᵉ partie est égale à $\frac{57,36}{997}$ et l'erreur absolue sera égale à $\frac{57,36 \times 3}{997}$.

28. 1ʳᵉ QUESTION. — Etant donnée la limite de l'erreur absolue d'un nombre approché, trouver la limite de l'erreur relative.

RÈGLE. *Lorsqu'un nombre est approché à moins d'une unité d'un ordre donné, son erreur relative est moindre qu'une fraction ayant 1 pour numérateur, et pour dénominateur le 1ᵉʳ chiffre du nombre approché suivi d'autant de zéros moins un qu'il y a de chiffres exacts dans ce nombre.*

En effet, soit le nombre 34,56 approché par défaut à moins de 0,01. Désignons par x ce qui manque à ce nombre, c'est-à-dire l'erreur absolue dont il est affecté; l'erreur relative sera $\frac{x}{34,56+x}$. Or si nous remplaçons x au numérateur par la quantité plus grande 0,01 et si nous supprimons en même temps x au dénominateur, nous obtenons la fraction $\frac{0,01}{34,56}$ ou $\frac{1}{3456}$ qui est supérieure à la première; donc l'erreur relative est moindre que $\frac{1}{3456}$ et à plus forte raison moindre que $\frac{1}{3000}$.

On prend de préférence pour limite la fraction $\frac{1}{3000}$ parce-qu'elle est plus simple; on pourrait même la remplacer par $\frac{1}{1000}$; mais il vaut mieux conserver le 1ᵉʳ chiffre du nombre approché dans le dénominateur. Il est même quelquefois nécessaire de conserver tous les chiffres exacts de ce nombre et de prendre par exemple $\frac{1}{3456}$ au lieu de $\frac{1}{3000}$.

La règle subsiste si le nombre donné est approché par excès.

29. D'après ce qui précède, si l'on supprime des chiffres

sur la droite d'un nombre, la limite de l'erreur relative qui est commise est une fraction qui a 1 pour numérateur et pour dénominateur le 1er chiffre du nombre conservé, suivi d'autant de zéros moins un qu'il y a de chiffres dans ce dernier nombre. Par exemple, si le nombre 64,28715 est remplacé par 64,28 on commet une erreur relative moindre que $\frac{1}{6000}$ c'est-à-dire que le nombre a été diminué d'une quantité moindre que la 6000[e] partie de lui-même.

Réciproquement, si l'on veut supprimer des chiffres sur la droite d'un nombre, de manière que l'erreur relative qui en résulte soit moindre qu'une unité fractionnaire donnée, il faut conserver autant de chiffres qu'il y en a dans le dénominateur de la limite donnée pour l'erreur relative. Par exemple, si dans le nombre 64,28715 on ne veut conserver que les chiffres nécessaires pour que l'erreur relative soit inférieure à $\frac{1}{100}$, il suffit de prendre 64,2 ou 64,5.

Mais il sera nécessaire de prendre un chiffre de plus si le 1er chiffre du dénominateur de la limite donnée est supérieur au 1er chiffre du nombre proposé. Si dans le nombre précédent l'erreur relative avait dû être moindre que $\frac{1}{800}$, les trois premiers chiffres n'auraient pas suffi, car l'erreur relative aurait été seulement inférieure à $\frac{1}{600}$; il aurait fallu prendre 64,28 ou 64,29.

50. 2e Question. — Etant donnée la limite de l'erreur relative d'un nombre approché, trouver la limite de l'erreur absolue ou le nombre des chiffres exacts.

1re Règle. — *Lorsqu'un nombre est affecté d'une erreur relative par défaut ou par excès moindre qu'une fraction ayant 1 pour numérateur, il y a autant de chiffres exacts sur la gauche de ce nombre qu'il y a de chiffres moins un dans le dénominateur.*

Soit le nombre 24,68155 affecté d'une erreur relative par défaut moindre que $\frac{1}{1000}$, les trois premiers chiffres seront exacts.

En effet dire que l'erreur relative est inférieure à $\frac{1}{1000}$ signifie que le nombre exact qui est inconnu a été diminué d'une quantité moindre que la 1000e partie de lui-même. Représentons ce nombre inconnu par N.

Si N avait été diminué de la 1000e partie de lui-même, le nombre approché ne vaudrait que 999 fois la 1000e partie de N. Or, la diminution ayant été moindre que la 1000e partie de N, on a $24,68155 > 999$ fois la 1000e partie de N; donc la 1000e partie de N est $< \frac{24,68135}{999}$ ou $< \frac{24,68135}{900}$ or le quotient de 24,68155 divisé par 900 est inférieur à 0,1; par conséquent la quantité dont le nombre inconnu N avait été diminué est moindre que 0,1. Tous les chiffres à gauche jusqu'à celui des dixièmes inclusivement sont donc exacts.

2e Règle. — *Lorsque le 1er chiffre du dénominateur de la fraction qui exprime la limite de l'erreur relative est plus grand que le 1er chiffre du nombre approché, le nombre des chiffres exacts est égal à celui des chiffres du dénominateur.*

En effet, supposons que 24,68155 soit affecté d'une erreur relative par défaut moindre que $\frac{1}{6000}$ nous verrons, en répétant le même raisonnement, que $24,68155 > 5999$ fois la 6000e partie du nombre N, et que la 6000e partie de N est $< \frac{24,68135}{5999}$ ou $< \frac{24,68135}{5000}$. Or ce quotient est inférieur à 0,01; l'erreur absolue est donc moindre que 0,01.

Remarque 1. — Lorsque le nombre approché commence par des 9, la première des deux règles précédentes est encore vraie pourvu que le nombre des 9 soit plus petit que le nombre des chiffres du dénominateur moins un.

En effet, si le nombre 99,87451 est affecté d'une erreur relative moindre que $\frac{1}{1000}$, on aura encore $99,87451 < 999$ fois la 1000e partie de N, et la 1000e partie de N $< \frac{99,87431}{999}$ En effectuant la division on trouve que ce quotient est inférieur à 0.1.

La règle serait en défaut si le nombre des 9 était plus grand, ce qui arriverait si le nombre approché était 99,97451.

En effectuant la division de 99,97451 par 999, on trouverait que l'erreur absolue est plus grande que 0,1, mais moindre que 0,2.

Remarque II. — Les deux règles précédentes sont applicables aussi quand l'erreur relative est par excès. La démonstration est encore plus facile.

En effet, si 24,6515 était affecté d'une erreur relative par excès moindre que $\frac{1}{1000}$, ce nombre serait plus petit que 1001 fois la 1000e partie du nombre exact, mais plus grand que 1000 fois cette 1000e partie. Donc la 1000e partie du nombre exact serait moindre que $\frac{24,6315}{1000}$ ou moindre que 0,1.

Remarque III. — Il est essentiel d'observer que dans tout ce qui précède, la fraction qui fait connaître la limite de l'erreur relative a 1 pour numérateur. Lorsqu'il n'en est pas ainsi, il est facile de remplacer la fraction par une autre dont le numérateur sera 1; il suffit pour cela de diviser les deux termes de la fraction par le numérateur. On remplacera encore par des zéros, dans le nouveau dénominateur, les chiffres qui sont à la droite du premier.

Par exemple, si une erreur relative est moindre que $\frac{3}{6428}$ elle est à plus forte raison moindre que $\frac{1}{3214}$ ou que $\frac{1}{3000}$.

§ II. ADDITION ET SOUSTRACTION.

51. Lorsqu'on connaît les limites des erreurs relatives de plusieurs nombres approchés, le moyen le plus simple de trouver la limite de l'erreur relative de leur somme ou de leur différence, consiste à chercher d'abord la limite des erreurs absolues dont ils sont affectés (nº 50). On en déduit alors la limite de l'erreur absolue de leur somme ou de leur

différence (nos 3 et 6); puis, de cette limite de l'erreur absolue, on tire la limite de l'erreur relative (no 28).

Soient par exemple les nombres suivants approchés par défaut.

31,67452 avec une erreur relative moindre que $\frac{1}{10000}$
2,84576 . . . . $\frac{1}{1000}$
0,95568 . . . . $\frac{1}{1000}$

D'après la règle du no 50 l'erreur absolue du 1er est $< 0,01$; celle du 2e est $< 0,01$, et celle du 3e est $< 0,001$ et à plus forte raison $< 0,01$. La somme des trois nombres est égale à 35,45596, et l'erreur absolue de cette somme est moindre que 0,03; l'erreur relative est donc moindre que $\frac{0,03}{35,45}$ ou moindre que $\frac{1}{1000}$.

Ainsi la somme des nombres approchés diffère de la somme des nombres exacts d'une quantité moindre que la 1000e partie de cette dernière somme.

§ III. MULTIPLICATION.

52. *Dans un produit de deux facteurs, dont l'un est exact et l'autre approché, l'erreur relative du produit est égale à l'erreur relative du facteur approché.*

Soit par exemple $62,18 \times 7$ et remplaçons le multiplicande par 62,15. Ce nouveau multiplicande est affecté d'une erreur absolue égale à 0,03 et d'une erreur relative égale à $\frac{3}{6218}$. Or le produit $62,15 \times 7$ est trop faible de $0,03 \times 7$; son erreur relative est donc égale à $\frac{0,03 \times 7}{62,18 \times 7}$ ou $\frac{3}{6218}$.

Ainsi le multiplicande ayant été diminué de trois fois la 6218e partie de lui-même, le produit se trouve aussi diminué de la même fraction de lui-même.

53. *Lorsque les deux facteurs sont approchés dans le même sens, l'erreur relative du produit est plus petite que la somme des erreurs relatives des deux facteurs.*

Pour abréger, représentons un multiplicande par $a + h$

et un multiplicateur par $b+k$, et remplaçons le 1er par a et le 2e par b. Le multiplicande a est affecté d'une erreur absolue égale à h et d'une erreur relative égale à $\frac{h}{a+h}$; le multiplicateur b est affecté d'une erreur absolue égale à k et d'une erreur relative égale à $\frac{k}{b+k}$.

Or, entre le produit exact $(a+h)\times(b+k)$ et le produit défectueux $a\times b$, la différence (n° 8) est $h\times b+k\times a+h\times k$.

L'erreur relative du produit $a\times b$ est donc

$$\frac{h\times b+k\times a+h\times k}{(a+h)\times(b+k)}$$

Cette fraction est égale à la somme des deux fractions

$$\frac{h\times b+h\times k}{(a+h)\times(b+k)}+\frac{k\times a}{(a+h)\times(b+k)}$$

Le numérateur de la 1re est la même chose que $h\times(b+k)$; on peut donc l'écrire ainsi $\frac{h\times(b+k)}{(a+h)\times(b+k)}$ et en divisant les deux termes par $b+k$ on obtient $\frac{h}{a+h}$ c'est-à-dire l'erreur relative du multiplicande.

Si l'on ajoute au numérateur de la 2e fraction la quantité $h\times k$ elle devient $\frac{k\times a+h\times k}{(a+h)\times(b+k)}=\frac{k\times(a+h)}{(a+h)\times(b+k)}=\frac{k}{b+k}$.

Ainsi la 2e fraction avec la petite augmentation de $h\times k$ à son numérateur devient égale à l'erreur relative du multiplicateur. Le principe est donc démontré.

Remarque. — L'augmentation qui a été faite à la 2e fraction étant très faible, on peut dire que *l'erreur relative du produit de deux facteurs approchés dans le même sens est à peu près égale à la somme des erreurs relatives des deux facteurs.*

L'application de ce principe sera de cette manière plus facile.

54. Ce principe s'applique aussi à un produit d'un nombre quelconque de facteurs, tous approchés dans le même sens.

En effet, l'erreur relative du produit des deux premiers facteurs est à peu près égale à la somme des erreurs relatives de ces facteurs. Si l'on multiplie ensuite ce produit par le 5e facteur, l'erreur relative de ce nouveau produit sera à peu près égale à la somme des erreurs relatives du produit des deux premiers facteurs et du 5e facteur, c'est-à-dire égale à la somme des erreurs relatives des 5 premiers facteurs, etc.

Donc *l'erreur relative du produit de plusieurs facteurs approchés dans le même sens est à peu près égale à la somme des erreurs relatives de ces facteurs.*

55. Lorsque les deux facteurs d'un produit sont approchés en sens inverse, on trouve facilement, en se reportant au no 9 et en suivant la même marche qu'au no 55, que *l'erreur relative du produit est à peu près égale à la différence des erreurs relatives des deux facteurs.* Mais on ne peut pas en conclure que l'erreur relative du produit est moindre que la différence des limites des erreurs relatives des facteurs (voir rem. no 6).

Problème 21. — *Calculer la limite de l'erreur relative du produit 21,56 × 52,7 chaque facteur étant trop faible d'une quantité moindre que 1 unité de son dernier chiffre.*

L'erreur relative du multiplicande est moindre que $\frac{1}{2000}$; celle du multiplicateur est moindre que $\frac{1}{300}$; celle du produit est donc moindre que $\frac{1}{2000}+\frac{1}{300}$, c'est-à-dire moindre que $\frac{23}{6000}$ et à plus forte raison moindre que $\frac{1}{200}$.

Or, on a $21,56 \times 52,7 = 705,012$. L'erreur relative étant moindre que $\frac{1}{200}$, l'erreur absolue est moindre que 1 dizaine (no 50).

Problème 22. — *Déterminer par l'erreur relative le degré d'approximation du produit 74,25 × 24,56, chaque facteur étant trop faible d'une quantité moindre que 1 unité de son dernier chiffre.*

Ce produit est égal à 1708,2428. Or l'erreur relative du multiplicande est moindre que $\frac{1}{7000}$ celle du multiplicateur est moindre que $\frac{1}{2000}$; celle du produit est donc moindre que $\frac{1}{7000}+\frac{1}{2000}$ ou moindre que $\frac{1}{2000}+\frac{1}{2000}$ ou moindre que $\frac{1}{1000}$ Ainsi, on ne pourra compter que sur l'exactitude des trois premiers chiffres.

Remarque. — Au n° 8, problème 6, on a trouvé que l'erreur du produit est moindre que 1 unité et par conséquent que les quatre premiers chiffres sont exacts, tandis que par l'erreur relative on est seulement assuré de l'exactitude des trois premiers.

Il est facile de se rendre compte de ce désaccord. La fraction $\frac{1}{1000}$ prise pour la limite de l'erreur relative du produit a l'avantage d'être très-simple ; mais elle est trop éloignée de la première limite qui est $\frac{1}{7000}+\frac{1}{2000}=\frac{9}{14000}$. En divisant les deux termes par 9 on trouve que $\frac{9}{14000}$ est inférieur à $\frac{1}{1555}$. L'erreur relative du produit est donc moindre aussi que $\frac{1}{1555}$. D'après cette dernière limite, on verra, en raisonnant comme au n° 50, que l'erreur absolue est seulement moindre que $\frac{1708,2428}{1554}$ ou moindre que 2 unités ; car ce quotient est plus grand que 1 mais plus petit que 2. Il n'est donc pas encore possible de dire que le 4ᵉ chiffre 8 est exact, puis qu'il pourrait être trop faible de 1.

Pour y parvenir, remarquons que l'erreur relative du multiplicande est aussi moindre que $\frac{1}{7400}$ et celle du multiplicateur moindre que $\frac{1}{2400}$; par conséquent celle du produit est, moindre que $\frac{49}{88800}$ qui est la somme de ces deux fractions, et à plus forte raison, moindre que $\frac{1}{1800}$. Par conséquent, l'erreur absolue sera moindre que $\frac{1708,2428}{1799}$ c'est-à-dire que 1 unité.

Problème 23. — *Calculer le produit* 60,748541 × 27,598158 *avec une erreur moindre que la* 10000e *partie de lui-même.*

Cela revient à dire que l'erreur relative du produit doit être moindre que $\frac{1}{10000}$. Pour qu'il en soit ainsi, il suffit que l'erreur relative de chaque facteur soit moindre que $\frac{1}{20000}$, ce qui aura lieu si l'on prend les cinq premiers chiffres; car alors l'erreur relative du multiplicande 60,748 sera moindre que $\frac{1}{60000}$ et celle du multiplicateur 27,598 sera moindre que $\frac{1}{20000}$.

Le produit de ces deux facteurs approchés est 1676,525304 et son erreur relative est moindre que $\frac{1}{10000}$; par conséquent l'erreur absolue sera inférieure à 1 unité de son 4e chiffre à partir de la gauche. On pourrait donc prendre 1677 pour le produit demandé.

Remarque. — Avec la marche qui vient d'être indiquée, l'opération est encore assez longue et emploie plusieurs chiffres inutiles, puis qu'il y a dans le produit six chiffres décimaux dont l'exactitude n'est pas certaine. Dans ce cas il vaut mieux chercher le produit avec une erreur absolue telle que l'erreur relative correspondante soit inférieure à la quantité donnée.

Pour que l'erreur relative du produit soit moindre que $\frac{1}{10000}$ il faut que les cinq premiers chiffres de ce nombre soient exacts (n° 29). Or, le produit cherché aura quatre chiffres à sa partie entière; il suffira donc de le calculer à moins de 0,1. Par la multiplication abrégée, on trouve 1676,6 (n° 10).

Problème 24. — *Calculer à moins d'un millième de sa valeur, le produit* 5,141592 × 4,507185 × 2,714507.

L'erreur relative du produit demandé devant être moindre que $\frac{1}{1000}$, il suffit que celle de chacun des trois facteurs soit-

inférieure à $\frac{1}{3000}$. Pour cela il faut prendre les deux premiers facteurs avec quatre chiffres, mais le troisième avec cinq chiffres; car alors l'erreur relative du 1er facteur 5,141 est moindre que $\frac{1}{3000}$ celle du 2e facteur 4,507 est moindre que $\frac{1}{4000}$, et celle du 3e facteur est moindre que $\frac{1}{20000}$.

On multiplie d'abord 5,141 par 4,507, ce qui donne 13,528087; il faut ensuite multiplier ce résultat par 2,7145. Or le produit des deux premiers facteurs est affecté d'une erreur relative moindre que $\frac{1}{3000}+\frac{1}{4000}$, c'est-à-dire moindre que $\frac{7}{12000}$ et à plus forte raison moindre que $\frac{1}{1700}$. Les quatre premiers chiffres de ce produit sont exacts; mais si l'on supprime les autres, il faudra augmenter le quatrième de 1 et prendre 13,53. On obtient ensuite $13,53\times 2,7145=36,724479$ approché par excès.

Dans le nombre 13,528087 on pourrait aussi conserver le chiffre 2 en prenant le chiffre 8 et multiplier 13,528 par 2,7145; on aurait ainsi 36,71905 approché par défaut.

Dans les deux cas, le produit obtenu diffère du produit exact des trois facteurs, de moins de la 1000[e] partie de ce dernier produit.

§ IV. DIVISION.

36. Les principes concernant l'erreur relative dans la division se déduisent de ceux de la multiplication, puisque le dividende n'est autre chose qu'un produit dont les facteurs sont le diviseur et le quotient.

1° *Quand le dividende est approché et le diviseur exact, l'erreur relative du quotient est égale à celle du dividende* (nº 32).

2° *Quand le dividende est exact et le diviseur approché, l'erreur relative du quotient est à peu près égale à celle du diviseur, mais en sens inverse.*

En effet, la somme de ces deux erreurs doit être à peu près nulle (nº 35).

3º *Quand le dividende et le diviseur sont approchés en sens inverse, l'erreur relative du quotient est à peu près égale à la somme des erreurs relatives du dividende et du diviseur* (*nº* 35). (*)

Par conséquent, quand on ne connaît que les limites des erreurs relatives du dividende et du diviseur approchés en sens inverse, l'erreur relative du quotient est inférieure à la somme de ces limites.

Les exemples suivants montreront comment on applique ces principes.

Problème 25. — *Quelle est la limite de l'erreur relative du quotient de 3468 divisé par* 1,026, *le dividende étant exact et le diviseur approché par défaut à moins de* 1 *unité de son dernier chiffre?*

L'erreur relative du diviseur étant moindre que $\frac{1}{1000}$ par défaut, celle du quotient sera moindre que $\frac{1}{1000}$ par excès, et on sera assuré de l'exactitude des trois premiers chiffres seulement. Or, ce quotient devant avoir 4 chiffres à sa partie entière ne sera approché qu'à moins de 1 dizaine (Voir probl. 14).

Problème 26. — *Calculer à moins de* 1 *centimètre le diamètre d'une circonférence qui a* 67 *mètres.*

Pour connaître le diamètre il faut diviser la circonférence par π; le diamètre demandé est donc égale au quotient $\frac{67}{\pi}$.

Cherchons d'abord combien nous devons prendre de chiffres au diviseur pour que l'erreur du quotient soit inférieure à 1 centimètre. Le quotient devant avoir deux chiffres

(*) *Quand le dividende et le diviseur sont approchés dans le même sens, l'erreur relative du quotient est à peu près égale à la différence des erreurs relatives du dividende et du diviseur*, (nº 33).

Mais il ne serait pas exact de dire que l'erreur relative du quotient est moindre que la différence des limites des erreurs relatives du dividende et du diviseur (voir rem. nº 6).

à sa partie entière doit être obtenu avec quatre chiffres exacts; il faut donc que son erreur relative soit moindre que $\frac{1}{10000}$ (nº 50). Pour cela, il suffit que l'erreur relative du diviseur soit aussi moindre que $\frac{1}{10000}$, c'est-à-dire qu'il ait cinq chiffres. On divisera donc 67 par 3,1415, ce qui donne le quotient 21,527 approché par excès, ou diviser 67 par 3,1416, ce qui donne le quotient 21,326 approché par défaut.

Le diamètre demandé est donc 21ᵐ 52 à moins de 1 centimètre.

Remarque. — On a vu, nº 17, un autre moyen de connaître combien il faut employer de chiffres au diviseur. D'après cette règle, il faut qu'on ait $e < \frac{k \cdot b^2}{a - kb}$, a étant le dividende exact, b le diviseur approché par défaut, k la limite de l'erreur du quotient et e l'erreur qu'on peut commettre sur le diviseur.

Dans le problème précédent, la quantité b^2 est supérieure à 9; il faudra que e soit moindre que $\frac{0,01 \times 9}{67 - 0,01 \times \pi}$ ou moindre que $\frac{0,09}{67}$ c'est-à-dire moindre que 0,001.

Ainsi, il suffirait de diviser 67 par 3,141. En effet, on trouve encore pour quotient 21ᵐ 52.

On pourrait encore résoudre cette question par la division abrégée; on aurait alors à diviser 670000 par 3,14159.

Problème 27. — *Déterminer le degré d'approximation du quotient de* 68,451 *divisé par* 2,145, *ces deux nombres étant tous deux trop faibles d'une quantité moindre que* 0,001.

Prenons d'abord le dividende approché par excès à moins de 0,01 en laissant le diviseur approché par défaut, nous avons ainsi à diviser 68,452 par 2,145, et l'erreur relative du quotient sera à peu près égale à la somme des erreurs relatives du dividende et du diviseur. Or, celle du dividende est moindre que $\frac{1}{60000}$ et celle du diviseur est moindre que

$\frac{1}{2000}$; celle du quotient est donc moindre que $\frac{1}{60000}+\frac{1}{2000}$ c'est-à-dire moindre que $\frac{31}{60000}$ ou moindre que $\frac{1}{1000}$.

Ainsi, on pourra compter sur l'exactitude des trois premiers chiffres seulement, c'est ce qui a déjà été trouvé, probl. 15.

En se reportant au probl. 15, on voit que l'erreur relative permet de déterminer beaucoup plus facilement le degré d'approximation du quotient de deux nombres approchés.

PROBLÈME 28. — *Calculer le quotient de* 72,841652 *par* 5,254198, *de manière qu'il soit seulement approché à moins de la* 1000e *partie de sa valeur.*

L'erreur relative du quotient devant être moindre que $\frac{1}{1000}$, il suffit que celle du dividende et du diviseur soit inférieure à $\frac{1}{2000}$, pourvu que le dividende soit approché par excès et le diviseur par défaut. On prendra donc 72,85 pour dividende et 5,254 pour diviseur; car alors l'erreur relative du dividende est moindre que $\frac{1}{7000}$ et celle du diviseur moindre que $\frac{1}{5000}$.

Le quotient de cette division 15,918 est approché par excès avec une erreur relative moindre que $\frac{1}{1000}$; les trois premiers chiffres seulement sont exacts, et 15,9 sera le quotient demandé.

§ V. PUISSANCES ET RACINES.

57. Une puissance d'un nombre n'étant autre chose qu'un produit de plusieurs facteurs égaux à ce nombre, nous lui appliquerons les principes établis aux nos 55 et 54 et nous dirons :

1° *L'erreur relative d'une puissance d'un nombre approché est à peu près égale à celle de ce nombre multipliée par l'exposant de la puissance.*

Ainsi l'erreur relative du carré d'un nombre approché est à peu près le double de celle de ce nombre, celle du cube en est à peu près le triple.

2° Réciproquement *l'erreur relative d'une racine d'un nombre approché est à peu près égale à celle du nombre divisée par le nombre qui exprime le degré de la racine.*

Ainsi l'erreur relative de la racine carrée d'un nombre approché est à peu près la moitié de celle de ce nombre ; celle de la racine cubique en est à peu près le tiers.

PROBLÈME 29. — *Quel sera le degré d'approximation du carré et du cube de 58,47, ce nombre étant trop faible d'une quantité moindre que 0,01 ?*

L'erreur relative de ce nombre est moindre que $\frac{1}{5000}$; celle de son carré sera moindre que $\frac{2}{5000}$ ou moindre que $\frac{1}{2000}$ et celle du cube sera moindre que $\frac{3}{5000}$ ou moindre que $\frac{1}{1000}$.
D'après cela il n'y aura que les trois premiers chiffres à gauche dont l'exactitude sera certaine dans le carré et dans le cube.

Le carré est 3418,7409; il est seulement approché à moins de 1 dizaine.

Le cube de 58,47 étant plus grand que celui de 50 qui est 125000 aura six chiffres à sa partie entière, il ne sera donc approché qu'à moins de 1 unité de mille. Pour calculer ce cube on multipliera 3418,7409 par 58,47 en suivant la méthode de la multiplication abrégée. Le chiffre 8 du multiplicateur devra être placé sous le chiffre 1 des dizaines du multiplicande. Le produit obtenu est 199750 dizaines, mais d'après la règle on prendra 200 mille.

```
3418,7409
 74,85
---------
17090
 2728
  156
   21
---------
19975
```

Il faut observer que le multiplicande total étant déjà trop faible de moins de 1 dizaine, et la partie négligée 7409 dans la première multiplication étant inférieure à 1 unité, le multiplicande 3418 est trop faible d'une quantité moindre que 11 unités et par conséquent l'erreur du 1er produit partiel est seulement moindre que 55 dizaines.

Le 2e multiplicande est trop faible de moins de 2 dizaines, l'erreur du 2e produit partiel est donc moindre seulement que 16 dizaines; pour le 3e elle est d'après la règle n° 10, moindre que 4 dizaines; pour le 4e elle est moindre que 7 dizaines. L'erreur totale est donc inférieure à $(55+16+4+7)$ dizaines, c'est-à-dire à 82 dizaines et à plus forte raison elle est moindre que 1 mille.

Problème 50. — *Avec quel degré d'approximation peut-on obtenir la racine carrée et la racine cubique de* 28,567, *ce nombre étant trop faible d'une quantité moindre que* 0,001 ?

L'erreur relative de ce nombre étant moindre que $\frac{1}{20000}$ celle de sa racine carrée sera inférieure à $\frac{1}{40000}$. Les quatre premiers chiffres seront exacts, et comme il n'y aura qu'un chiffre à la partie entière, l'erreur absolue de cette racine sera moindre que 0,001 d'unité. On extraira donc la racine carrée de 28,567000.

L'erreur relative de la racine cubique de 28,567 sera inférieure à $\frac{1}{60000}$. Or, le premier chiffre de la racine étant 2 c'est-à-dire moindre que le 1er chiffre du dénominateur, les cinq premiers chiffres de la racine cubique seront exacts (n° 50, 2°). On obtiendra donc la racine cubique jusqu'au chiffre des dix-millièmes inclusivement.

Problème 51. — *Extraire à moins de* 0,001 *la racine* 6e *de* 10.

Pour avoir la racine 6e de 10, il faut d'abord extraire la racine carrée de 10, puis la racine cubique de cette racine carrée. Or cette racine cubique devant exprimer des millièmes, c'est-à-dire avoir trois chiffres décimaux, la racine carrée de 10 devrait avoir neuf chiffres décimaux d'après la règle ordinaire de l'arithmétique. Mais tous ces chiffres ne sont pas nécessaires.

En effet, la racine 6e de 10 n'aura qu'un chiffre à sa partie entière, et pour que ses quatre premiers chiffres soient exacts, il suffit que son erreur relative soit inférieure à $\frac{1}{10000}$. Or la racine carrée de 10 pouvant être regardée comme le cube de la racine 6e de 10, il faudra que l'erreur relative de la racine carrée de 10 soit moindre que $\frac{3}{10000}$ ou mieux moindre que $\frac{1}{10000}$. On extraira donc seulement la racine carrée de 10 avec cinq chiffres, ce qui donne 5,1622.

Il faut ensuite extraire la racine cubique de 5,1622 suivie de cinq zéros, et on trouve 1,467.....

Mais le nombre 5,1622 était déjà approché par défaut, sa racine cubique est donc déjà trop faible d'une quantité moindre que 0,001, et comme on supprime les chiffres qui devraient suivre 7, on prendra, d'après la règle du n° 5, le nombre 1,468 pour la racine 6e de 10 approchée à moins de 0,001.

Problème 52. — *Calculer à moins de 1 centimètre le rayon d'un cercle qui a une surface de 1000 mètres carrés.*

La surface d'un cercle étant exprimée par πr^2 on aura $r=\sqrt{\frac{1000}{\pi}}$. Il faut donc chercher d'abord le quotient de 1000 divisé par π avec un degré d'approximation tel que la racine carrée de ce quotient soit exacte jusqu'au chiffre des centièmes inclusivement.

Or ce quotient devant avoir trois chiffres à sa partie entière, sa racine carrée aura deux chiffres à sa partie entière. Il faut donc que ses quatre premiers chiffres soient exacts et pour cela il suffit que son erreur relative soit moindre que $\frac{1}{10000}$. L'erreur relative du quotient doit donc être moindre que $\frac{2}{10000}$ ou moindre que $\frac{1}{10000}$. Ainsi, il faudra calculer ce quotient avec cinq chiffres par la division abrégée, c'est-à-dire à moins de 0,01. On trouve 318,31. En extrayant ensuite la racine carrée de ce résultat, on obtient 17m 84 à moins de 1 centimètre.

Remarque. — On peut aussi résoudre ce problème sans considérer l'erreur relative, en se fondant sur le principe établi au n° 24. Par cette méthode on trouvera qu'il suffit d'obtenir seulement avec quatre chiffres le quotient de 1000 divisé par π.

Problème 55. — *Chercher la valeur de la fraction* $\frac{17}{\sqrt{23}}$ *approchée à moins de* 0,001.

On chasse d'abord le radical du dénominateur en multipliant les deux termes par le dénominateur, ce qui donne $\frac{17 \times \sqrt{23}}{23}$. Il ne s'agit plus que d'extraire la racine carrée de 25 avec un degré d'approximation tel que l'erreur de cette racine étant multipliée par $\frac{17}{23}$ soit moindre que 0,001. Il suffit pour cela que l'erreur de cette racine soit moindre que 0,001. On extraira donc cette racine jusqu'au chiffre des millièmes inclusivement et on la multipliera par $\frac{17}{23}$.

Problème 54. — *Calculer à moins de* 0,001 *la valeur de la fraction* $\frac{\sqrt{13}}{\sqrt{7} - \sqrt{2}}$.

Pour simplifier le calcul il convient de rendre d'abord le dénominateur commensurable. Or si l'on se rappelle que *le produit de la somme de deux quantités par leur différence, égale le carré de la* 1re *moins le carré de la* 2e, on voit qu'il suffira de multiplier les deux termes de la fraction proposée par $\sqrt{7} + \sqrt{2}$ ce qui donne

$$\frac{\sqrt{13} \times (\sqrt{7} + \sqrt{2})}{7 - 2} = \frac{\sqrt{91} + \sqrt{26}}{5}.$$

On a ainsi à diviser par 5 la somme des racines carrées de 91 et de 26. Pour que l'erreur du quotient soit inférieure à 0,001 il suffit que celle du dividende soit moindre que 0,005 ou mieux inférieure à 0,001; on calculera donc ces deux racines jusqu'au chiffre des dix-millièmes inclusivement.

En effectuant les opérations on trouve.

$$\left.\begin{array}{l} \sqrt{91} = 9,5392 \\ \sqrt{26} = 5,0990 \end{array}\right\} \sqrt{91} + \sqrt{26} = 14,6383$$

La somme 14,6385 est approchée à moins de 0,0002 et à plus forte raison à moins de 0,001. En divisant ensuite par 5 on obtient 2,927 pour la valeur demandée.

§ VI. DIVISION ABRÉGÉE.

(2e DÉMONSTRATION)

58. Le problème de la division abrégée peut se résoudre très simplement au moyen de l'erreur relative.

Reprenons l'exemple du nº 21, où l'on devait chercher le quotient de 68,491724 par 2,145529 approché à moins de 0,01.

D'abord le quotient demandé aura deux chiffres à sa partie entière, en tout quatre chiffres. Pour que l'erreur de ce quotient soit inférieure à 0,01 il faut que l'erreur de chacun des quatre quotients partiels soit inférieure à un quart de centième ou mieux inférieure à 0,001. Considérons ces quatre quotients partiels comme des *nombres entiers de millièmes* Le 1er quotient se composera du chiffre des dizaines du quotient total suivi de quatre zéros. Pour que son erreur soit moindre que 0,001, c'est-à-dire moindre que 1 unité de son 5e chiffre, il faut que son erreur relative soit moindre que $\frac{1}{100000}$; par conséquent il suffit que celle du diviseur soit aussi moindre que $\frac{1}{100000}$. On prendra donc le diviseur avec les six premiers chiffres et on divisera le dividende donné par 2,14552. Le quotient est 5 dizaines ou 50000 millièmes, avec une erreur inférieure à 0,001.

Retranchons ensuite du dividende le produit du diviseur 2,14552 par 5 dizaines; nous aurons pour reste 4,186124. Le 2e quotient se compose du chiffre des unités entières du quotient total suivi de trois zéros. Pour que son erreur soit moindre que 0,001 c'est-à-dire moindre que 1 unité de son 4e chiffre, il faut que son erreur relative soit inférieure à $\frac{1}{10000}$ et par conséquent il suffit que celle du diviseur soit aussi inférieure à $\frac{1}{10000}$. On prendra donc ce diviseur avec les cinq premiers chiffres, et on divisera 4,186124 par 2,1455. Le quotient est 1 unité ou 1000 millièmes avec une erreur moindre que 0,001.

Retranchons du 2e dividende le produit du 2e diviseur 2,1455 par 1 unité, nous aurons pour reste 2,042624.

En continuant de la même manière nous voyons qu'on aura le 3e chiffre du quotient en divisant 2,042624 par 2,145, ce qui donne 0,9 ou 900 millièmes avec une erreur moindre que 0,001 ; que pour obtenir le 4e chiffre il faudra multiplier le 3e diviseur par 0,9, retrancher le produit du 3e dividende et diviser le reste 0,115924 par 2,14, ce qui donne pour quotient 0,05 ou 50 millièmes avec une erreur moindre que 0,001.

Le quotient total est donc 51,95, et son erreur étant moindre que 0,001 est à plus forte raison moindre que 0,01.

```
68,4917 | 24    | 2,14552 | 9
 11861          |---------
 20426          | 51,95
  1159
    69
```

Si nous observons : 1° Que la partie 24 négligée à la droite du dividende dès la 1re division l'a été dans toutes les autres ; 2° que le 1er diviseur employé 2,14552 contient deux chiffres de plus que le quotient ; 3° que chaque diviseur est égal au précédent privé de son dernier chiffre, nous pourrons énoncer la règle suivante qui diffère un peu de celle du no 20.

Règle. — *Pour trouver le quotient de deux nombres avec une erreur moindre qu'une unité d'un ordre donné, on cherche d'abord combien le quotient doit avoir de chiffres, et on prend sur la gauche du diviseur autant de chiffres plus deux que le quotient doit en contenir ; on supprime tous les autres. On prend ensuite sur la gauche du dividende autant de chiffres qu'il en faut pour contenir moins de 10 fois le diviseur ainsi modifié sans faire attention aux virgules, et on supprime les autres chiffres.*

On divise ce dividende par le diviseur, ce qui donne le 1er chiffre du quotient ; on multiplie le diviseur par ce chiffre ; on soustrait le produit du dividende et on divise le reste par le diviseur précédent dont on ôte le dernier chiffre ; on a ainsi le 2e chiffre du quotient. On continue de la même manière en divisant toujours le dernier reste par le dernier diviseur privé de son dernier chiffre.

CHAPITRE III.

NOTES COMPLÉMENTAIRES.

NOTE I.

On a trouvé au n° 8 la limite de l'erreur absolue d'un produit de deux facteurs approchés dans le même sens. Au moyen de l'erreur relative il est facile d'étendre cette limite à un produit de plus de deux facteurs.

Soient en effet plusieurs facteurs a, b, c, d... et x, y, z, v les erreurs absolues que l'on commet en les remplaçant par les facteurs trop faibles $a-x$; $b-y$; $c-z$; $d-v$. Désignons par e l'erreur absolue du produit.

Les erreurs relatives des facteurs seront $\frac{x}{a}$ $\frac{y}{b}$ $\frac{z}{c}$ $\frac{v}{d}$ et celle du produit sera $\frac{e}{abcd}$. En vertu du principe démontré au n° 34 on a

$$\frac{e}{abcd} < \frac{x}{a} + \frac{y}{b} + \frac{z}{c} + \frac{v}{d}$$

d'où $e < x.\,bcde + y.\,acd + z.\,abd + v.\,abc.$

Ainsi l'erreur absolue du produit est moindre que la somme des produits que l'on obtiendrait en multipliant l'erreur de chaque facteur par le produit de tous les autres facteurs exacts.

Mais ce principe n'est d'aucune utilité dans les applications.

NOTE II. EXTRACTION ABRÉGÉE DE LA RACINE CARRÉE.

Lorsqu'on doit calculer à moins de 1 unité seulement la racine carrée d'un nombre entier composé de beaucoup de chiffres, on peut abréger l'opération.

On cherche d'abord par la méthode ordinaire plus de la moitié des chiffres de la racine, et on divise ensuite le reste par le double de la racine déjà obtenue. Le quotient sera la seconde partie de la racine avec une erreur moindre que 1 unité.

Soit par exemple à extraire à moins de 1 unité la racine carrée de 820659274. Cette racine devant avoir cinq chiffres, on cherche d'abord les trois premiers par la méthode ordinaire; on trouve ainsi 286 centaines et le reste est 2679274. On divise alors ce reste par le double de la racine obtenue qui est 57200; le quotient 46 est la seconde partie de la racine. La racine demandée est donc 28646.

Pour le démontrer, représentons par n le nombre 820659274; par a la partie 28600 de la racine, et par x la partie qu'il reste à connaître. Nous aurons

$$n=(a+x)^2=a^2+2ax+x^2 \text{ ou } 2ax+x^2=n-a^2.$$

Remarquons que $n-a^2$ n'est autre chose que le reste 2679274. Résolvant par rapport à x comme si x^2 était connu, nous aurons $x=\frac{n-a^2}{2a}-\frac{x^2}{2a}$ et en désignant par q le quotient de $n-a^2$ divisé par $2a$ et par r le reste, nous obtenons $x=q+\frac{r}{2a}-\frac{x^2}{2a}$.

Or $\frac{r}{2a}$ est moindre que 1; de même x n'ayant que deux chiffres, x^2 en a quatre au plus, et $2a$ ayant cinq chiffres $\frac{x^2}{2a}$ est donc aussi plus petit que 1, et à plus forte raison la différence de ces deux fractions est moindre que 1.

Si le quotient q était la valeur exacte de x, cette différence serait nulle. Par conséquent, si $r=q^2$ la racine trouvée est exacte; si r est $>q^2$, la racine est approchée par défaut; si r est $<q^2$, la racine est approchée par excès.

Note III. Résumé des principes les plus importants pour les approximations.

Erreur absolue.

1° Lorsque plusieurs nombres sont approchés dans le même sens, l'erreur de leur somme est égale à la somme des erreurs de ces nombres.

2° Quand deux nombres sont approchés dans le même

sens, l'erreur de leur différence est égale à la différence de leurs erreurs.

Quand ils sont approchés en sens inverse, l'erreur de leur différence est égale à la somme de leurs erreurs.

5° Dans une multiplication de deux facteurs, si l'un est exact et l'autre approché, l'erreur du produit est égale à l'erreur du facteur approché multipliée par le facteur exact.

Quand les deux facteurs sont tous deux approchés dans le même sens, l'erreur du produit est à peu près égale à l'erreur du multiplicande multipliée par le multiplicateur, plus l'erreur du multiplicateur multipliée par le multiplicande.

L'erreur du carré d'un nombre approché est à peu près égale à l'erreur du nombre approché multipliée par le double de ce nombre.

4° Lorsque le dividende est approché et le diviseur exact, l'erreur du quotient est égale à l'erreur du dividende divisée par le diviseur.

Lorsque le dividende est exact et le diviseur approché par défaut, l'erreur du quotient est plus petite que l'erreur du diviseur multipliée par le dividende et divisée par le carré du diviseur.

5° L'erreur de la racine carrée d'un nombre approché est moindre que l'erreur de ce nombre divisée par le double de la racine.

Erreur relative.

1° Lorsqu'un nombre est approché à moins de une unité donnée, son erreur relative est moindre qu'une fraction ayant pour numérateur 1 et pour dénominateur le 1er chiffre de ce nombre suivi d'autant de zéros moins un qu'il y a de chiffres exacts dans le nombre approché.

2° Lorsque l'erreur relative d'un nombre approché est moindre qu'une fraction ayant 1 pour numérateur, il y a autant de chiffres exacts sur la gauche de ce nombre qu'il y a de chiffres moins un dans le dénominateur.

Le nombre des chiffres exacts est égal à celui des chiffres du dénominateur, si le 1er chiffre à gauche du nombre est plus petit que le 1er chiffre du dénominateur.

3° Dans une multiplication de deux ou plusieurs facteurs approchés dans le même sens, l'erreur relative du produit est à peu près égale à la somme des erreurs relatives des facteurs.

4° Quand le dividende est approché et le diviseur exact, l'erreur relative du quotient est égale à celle du dividende.

Si le dividende est exact et le diviseur approché, l'erreur relative du quotient est à peu près égale à celle du diviseur, mais en sens inverse.

Si le dividende et le diviseur sont approchés en sens inverse, l'erreur relative du quotient est à peu près égale à la somme des erreurs relatives du dividende et du diviseur.

5° L'erreur relative d'une puissance d'un nombre approché est à peu près égale à l'erreur relative de ce nombre multipliée par l'exposant de la puissance.

6° L'erreur relative de la racine d'un nombre approché est à peu près égale à l'erreur relative de ce nombre divisée par le degré de la racine.

FIN.

Vienne, impr. de SAVIGNÉ, succr de Roure.

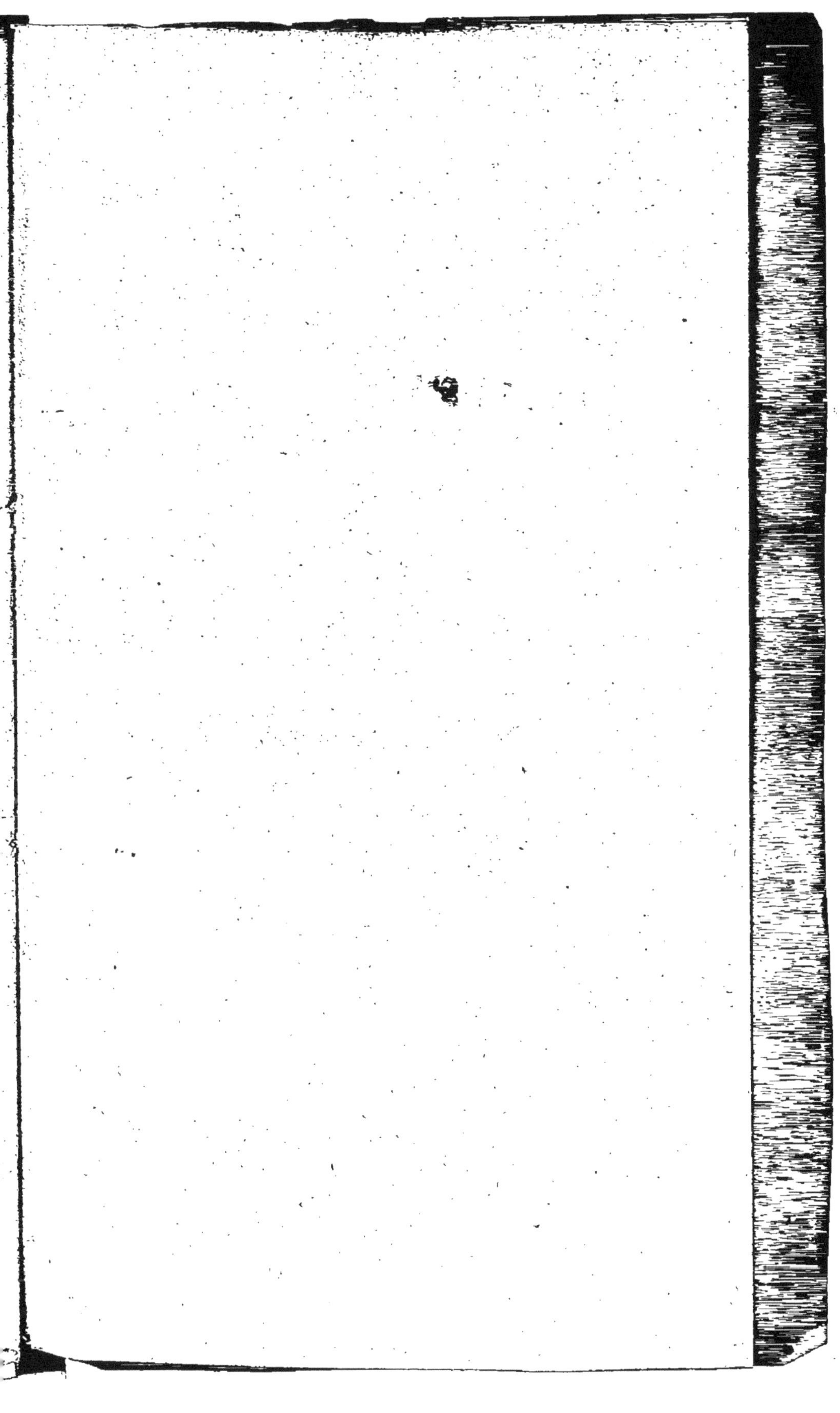

www.ingramcontent.com/pod-product-compliance
Ingram Content Group UK Ltd.
Pitfield, Milton Keynes, MK11 3LW, UK
UKHW022149070726
13613UKWH00003B/1446